DORO MAY

GLÜCKLICH WERDEN
DURCH LERNEN, VORHERBESTIMMTHEIT,
DAS DRITTE AUGE

D1706162

DORO MAY

GLÜCKLICH WERDEN

DURCH LERNEN, VORHERBESTIMMTHEIT, DAS DRITTE AUGE

GOLDHOUSE

GoldHouse Verlag e.K., Mannheim
Überarbeitete Neuauflage Januar 2020
von "Glückspilz oder Pechvogel.
Wie wir lernen, unser Leben zu meistern"
Sankt Ulrich Verlag Augsburg 2011
Alle Rechte vorbehalten
Covergestaltung: Jacqueline Spieweg – Farbraum4
Bilder ©: 109911170 Shutterstock
Lektorat: S.Wagner
ISBN 978-3-946405-20-7
www.goldhouse-verlag.de

Es gibt diese Menschen,
denen nichts etwas anhaben kann.
Menschen mit einer Glückshaut.
Sie sind faszinierend, was längst auch die
Wissenschaft begriffen hat.
Und es lohnt sich,
zu verstehen, wie es kommt,
dass eine Glückshaut wirklich funktioniert.
Und was das eigentlich ist, eine Glückshaut.
Denn der Glückshaut haftet ein besonderer
Mythos an.

Mit Recht.

Doro May, geb. in Essen, studierte Germanistik, Musik und Pädagogik mit dem Schwerpunkt Entwicklungspsychologie und lebt in Aachen. Ihr besonderes Interesse gilt der Entstehung von Empfindungen wie Empathie, Zufriedenheit und Glück. Der Autorin war schon früh bewusst, dass sich die menschliche Gefühlslage im soziokulturellen Kontext entwickelt, also in hohem Maße ein Erziehungsprodukt ist und auch neurobiologischen Bestimmungen unterliegt.

Viele Jahre arbeitete sie als Oberstudienrätin am Gymnasium, bis sie sich entschied, das Schreiben zu ihrem Hauptberuf zu machen.

Glückssache

Wusstest du, dass durch die Lehre vom Nervensystem (Neurologie) bewiesen ist, dass jeder Gedanke ein elektrischer Impuls ist? Dass dieser Impuls seinerseits elektrische Impulse im Gehirn auslöst? Kraft eines Gedankens – und ein Gedanke ist nichts anderes als Kraft – legt dein Gehirn los: Es arbeitet, indem es auf den Gedanken reagiert; es setzt nämlich genau deinem Gedanken entsprechende chemische Kontrollsubstanzen in deinem Körper frei. Das Nervensystem ist jetzt bereit, deinem Gedanken entsprechend zu agieren. Du hast deinem persönlichen Navi einen Input gegeben, und nun erhältst du durch dein Unterbewusstsein das Ergebnis. Dein Unterbewusstsein, was nichts anderes ist als deine ganz persönliche biografische Landkarte, hat alles abgespeichert, was du bisher gelernt hast. Durch die Eltern, Schule, weitere Mitmenschen wird dein Gehirn wie eine Festplatte programmiert. Hat man dir schon als Kleinkind oft gesagt, dass du ein Glückskeks bist, schickt dein Unterbewusstsein, also dein Denkprogramm, auch dann brauchbar positive Gedanken, wenn es mal dicke kommt. Die von klein auf antrainierten Gedanken sind also für dein Empfinden verantwortlich. Sie diktieren, wie du mit deinen Lebensbedingungen umgehst.

Das sollst du wissen, bevor du dieses Buch liest.

Unseren Vorfahren war das klar. Auch ohne Neurologie. Um das zu zeigen, lege ich mit einem bekannten Märchen der Gebrüder Grimm los.

Kapitel 1

Glückshaut – der Mythos

Als eine arme Frau einen Sohn zur Welt bringt, der mit einer Glückshaut überzogen ist, wird ihr prophezeit, dass er in die oberste Gesellschaft aufsteigen wird: Hochzeit mit der Königstochter.

Der Landesvater will aber auf keinen Fall einen armen Schlucker zum Schwiegersohn haben. Also lässt er den Kleinen entführen und in einer Schachtel ins Wasser setzen.

Doch die Schachtel schwimmt zu kinderlosen Müllersleuten wie weiland Moses zum Pharao. Dort wächst der Junge glücklich auf. Er wird über alles geliebt und bekommt gute Manieren beigebracht.

Jahre später erfährt der König von der wundersamen Rettung des Kindes. Er schickt den nichts Böses ahnenden Jungen mit einem Brief zur Königin mit dem unmissverständlichen Befehl: Den jungen Mann töten. Sofort!

Der Junge zieht los. Im Wald übernachtet er in einem besetzten Haus. Zumindest einer der Kriminellen und Hausbesetzer kann lesen und verändert aus Mitleid die Message: Die Königstochter hat sich mit dem fremden Ankömmling zu vermählen. Umgehend. Beschluss des Königs.

Dass man die Hochzeit nicht ohne weiteres rückgängig machen kann, sieht auch der König ein, der inzwischen heimgekehrt ist. Immerhin hat der junge Mann ein ausgezeichnetes Benehmen und die Prinzessin ist total verliebt in ihr Schätzchen.

Um den unliebsamen Schwiegersohn doch noch irgendwie loszuwerden, fordert der König, quasi als nachgeholte Brautgabe, die drei goldenen Haare des Teufels. Ansonsten dürfe der junge Mann die Tochter nicht behalten.

Nun beginnt die Bewährungsprobe des Glückskindes. Es macht sich Richtung Hölle auf den Weg.

Unterwegs kommt der junge Mann in eine Stadt. Zwei Typen von der Security, die für das Stadttor zuständig sind, fragen ihn, ob er wüsste, warum der alte Marktbrunnen ausgetrocknet sei. Es wäre wie verhext: Früher habe er Wein enthalten und der Alkohol sei ohne Ende geflossen. Neuerdings gäbe er nicht einmal mehr Wasser her.

Ich werd's rauskriegen, sagt der junge Mann und zieht weiter.

In der nächsten Stadt fragen die Securityjungs am Stadttor, ob er eine Ahnung hätte, wieso der vom Stadtamt gepflanzte Baum keine goldenen Äpfel mehr produziere. Auch das wolle unser Glückskind herausfinden und die Sache auf seinem Rückweg aufklären.

Als er unterwegs einen See überqueren muss, kommt er mit dem Fährmann ins Gespräch. Er beschwert sich bitter darüber, dass seine Ablösung ausbleibt. Darüber sei er beinahe schon depressiv geworden. Klar, dass unser Glückskind auch dieses Rätsel lösen will.

In der Hölle angekommen ist der Hausherr glücklicherweise gerade nicht daheim. Des Teufels Großmutter, eine umgängliche alte Frau mit echt großmütterlichem Herzen, hört sich die Geschichte unseres Glückskindes an und verspricht ihm ihre Hilfe. Weil sie ihren aggressiven Enkel kennt, verwandelt sie den Jungen vorübergehend in eine Ameise und versteckt ihn in einer Falte ihres kapitalen Rocks.

Als der Teufel nach Hause kommt, bringt ihn die Großmutter mit List und Tücke dazu, die Ursachen für die
städtischen Probleme zu verraten. Als der Enkel nach einer XXL-Pizza und diversen Alkopops einschläft, reißt
sie ihm die drei goldenen Haare aus. Unser Glückskind
bedankt sich bei der gar nicht teuflischen Großmutter
und zieht, natürlich von der Ameise wieder zum jungen
Mann mutiert, mit seiner Beute und dem Wissen um
Brunnen und Baum Richtung Heimat.

Er erklärt den einen Städtern, dass eine fiese Kröte im
Brunnen sitzt, die die letzte Krötenwanderung verschla-
fen habe. Man müsse sie schleunigst umsiedeln.

Den anderen Städtern eröffnet er, dass eine Maus im
Wurzelwerk ihr Unwesen treibt. Hier reiche eine Falle
oder eine Katze, die damals mangels Dosenfutter noch
richtig auf Beute aus war. Als Gage für seine Problemlö-
sungen erhält der junge Mann vier Esel voller Goldsä-
cke. Damals waren Städte und Kommunen offenbar
noch bei Kasse.

Und dem Fährmann gibt er den ultimativen Ratschlag,
den ersten Besten zu bitten, mal eben das Ruder zu halten, und dann zügig abzuhauen.

Zu Hause angekommen ist der Schwiegervater von dem
plötzlichen Reichtum unseres Glückskindes schwer beeindruckt. Klar, dass er wissen möchte, wo es so viel
Gold zu holen gibt. Der clevere Junge schickt den König
zu dem See und behauptet, dass an dessen anderem Ufer
das Gold nur so herumläge.

Das gierige Staatsoberhaupt bricht sofort auf. Am See
angekommen fragt ihn der Fährmann harmlos, ob er mal
eben kurz das Ruder halten könne. Er müsse mal für
kleine Fährmänner. Der König tut ihm den Gefallen. Der
Fährmann macht sich aus dem Staub, der König muss bis
ans Ende seiner Tage dessen Job übernehmen und die

Geschichte endet, wie es sich erstens für ein Märchen und zweitens für jemanden, der mit einer Glückshaut zur Welt gekommen ist, gehört: Happy.

Märchen, Aberglaube und Realität

Warum gelingt dem jungen Mann alles, obwohl doch, kaum dass er auf der Welt ist, alles gegen ihn spricht? Außer dass er mit einer Glückshaut zur Welt kam...

In Märchen werden oft Wahrheiten durch wundersame Geschichten erhöht. Die Gebrüder Grimm wussten das offenbar und haben deshalb die Märchen gesammelt und aufgeschrieben. Volksweisheiten, werden sie gedacht haben, muss man der Nachwelt bewahren. Geschichten, die ursprünglich gar nicht für Kinder gedacht waren. Aber als Kinder- und Hausmärchen sind sie uns erhalten geblieben. Und damit wurde auch der Mythos der Glückshaut bewahrt.

Dem Aberglauben nach werden Auserwählte, wie das Märchen vom *Teufel mit den drei goldenen Haaren* zeigt, mit einer Glückshaut geboren. Das Glück haftet einem an und lässt einen ein Leben lang nicht mehr los. Ein faszinierender Gedanke.

Machen wir uns im Folgenden auf die Suche nach den Ursprüngen des Aberglaubens, um zu sehen, welche Gedanken und Erfahrungen ihm zugrunde liegen. Und – am wichtigsten – welche Wahrheiten...

Kapitel 2

Glück und Gelücke - Bedeutung im Mittelalter

Das Wort Glück entwickelte sich aus dem mittelhochdeutschen Begriff *gelücke*, der an das heutige Wort Lücke erinnert. *Gelücke* ist als Bild zu begreifen: Das Leben ist wie ein kompliziert gesponnenes riesiges Fischernetz. In vielem ist es nicht berechenbar − man kann durch die Maschen fallen oder sich mit List und Tücke hindurch winden, weil es Lücken hat. Da das Sicherheitsnetz, das unsere Vorfahren gesponnen haben, weitaus grobmaschiger war, schließlich kannte man weder Krankenversicherung noch Rente und statt Hartz4 war Betteln angesagt, war der freie Fall ins Bodenlose oftmals vorprogrammiert.

Die geknüpften Lebens- und Gesellschaftsfäden werden weitgehend für kalkulierbar gehalten, die Löcher dazwischen nicht. *Gelücke* sind die Löcher, die Lücken, durch die man rutschen kann. *Gelücke* beeinflusst oftmals ganz entscheidend das weitere Leben, stellt Weichen neu oder verknüpft die Lebensfäden in ungeahnter Weise, um die Lücken neu zu stopfen. Das funktioniert im Guten wie im Schlechten, wobei *gelücke* schon früh für ein positives Schicksal stand.

Gelücke im Märchen

Zurück zu dem Märchen vom *Teufel mit den drei goldenen Haaren*. Die Lücken in der königlichen Kalkulation bestehen darin, dass der Landesvater weder mit dem

Mitleid der Gesetzlosen gerechnet hat, die dem Brief eine neue Nachricht verpassten, noch mit der großmütterlichen Wärme bei Familie Teufel. Auch hatte er den Trick des Fährmanns nicht auf seiner Rechnung. Er fällt also in sämtliche *Lücken* seines von ihm selbst gesponnenen Netzes: Sein Plan geht nicht auf. Stattdessen greift das Sprichwort *Wer anderen eine Grube gräbt, fällt selbst hinein.*

Unser Glückskind säuft eben nicht ab, was ja naheliegend gewesen wäre, sondern es wird von kinderlosen Leuten aus dem Fluss gefischt und liebevoll ins Leben gebracht.

Im Grunde schließt sich, wie es in Märchen häufig ist, *gelücke* an *gelücke*, bis dass König und Glückskind vom Leben ihrer Bestimmung zugeführt werden.

Und das Schicksal meint es mit demjenigen gut, der mit einer Glückshaut auf die Welt gekommen ist.

Unweigerlich findet ihn das Glück!

Gelücke und Luke

Es gab vom Wortstamm her in früheren Zeiten noch keine Unterscheidung zwischen Glück und Unglück. *Ungelücke* ist als eigenständiger Begriff aus dem Mittelhochdeutschen nicht überliefert. Das gegensätzliche Wortpaar *Glück* und *Unglück* entwickelte sich erst im Laufe der Jahrhunderte.

Gelücke bezeichnet ein Erleben, was man gerade nicht erwartet, weil es irgendwie außerhalb geregelter Abläufe und vorhersehbarer Begebenheiten stattfindet. Es entzieht sich jeder Kalkulation.

Auch das Wort *Luke* hat in *gelücke* seinen Ursprung. Die Luke auf dem Schiff schließt man bei schwerer See. Im übertragenen Sinn erfasst *Luke* die Art und Weise, wie etwas schließt, also wie es endet.

In besagtem Märchen schließt sich für das Glückskind der Kreis um das vom König angezettelte Schicksal zum Besten. Die Sache endet sozusagen in einem Rundumsorglospaket. Und das entgegen aller bösen Absichten.

Nebenbei sei angemerkt, dass auch das englische Wort *luck*, was auf Deutsch *Glück* bedeutet, von dem mittelhochdeutschen *gelücke* herrührt.

Gelücke war, wie wir gesehen haben, an sich wertfrei, denn davon gab es gutes und böses. Auch mit dem Verb *glücken* ist nicht unbedingt etwas Positives verbunden. Logisch, weil einem ja zum Beispiel auch ein Überfall, eine clevere Diebestour oder ein planvoller Mord gelingen – glücken – kann. Die Ähnlichkeit der Verben zeigt, dass das mittelhochdeutsche *gelücken* und das heutige *gelingen* eine ähnliche Bedeutung haben.

Weil der Mensch natürlich das gute Glück bevorzugt, was unter „anständigen" Leuten früher nicht anders war als heute, hat sich die positive Seite im Zusammenhang mit der Bedeutungsentwicklung von *gelücke* durchgesetzt. So kommt es, dass Glück im heutigen Sprachgebrauch eindeutig etwas Erstrebenswertes ist, wovon man gerne möglichst viel haben möchte. Deshalb gibt es auch endlos viele Ratgeber, um dem Glück auf die Sprünge zu helfen.

Glücksinteressen

Und weil glückliche Menschen deutlich leistungsstärker sind, ist sogar die Wirtschaft am Glück interessiert. Unglückliche Menschen sind krankheitsanfälliger als glückliche und damit für den Staatshaushalt weit weniger interessant. Sie fallen arbeitstechnisch zu oft aus und kosten also nur. Für einen hoch verschuldeten

Staat eine lästige Sache. Es gibt also auch ökonomisch gute Gründe, dass einen das Glück findet.

Sei's drum. Wir lassen den Arbeitsmarkt und die politischen Überlegungen erst einmal wieder außen vor – schon deshalb, weil man ganz offenkundig nicht unbegrenzt Arbeitsplätze aus dem Boden stampfen und gleichzeitig im Ausland billig produzieren lassen kann. Aus diesem Grund bekommen auch Glücksmenschen heutzutage nicht selbstredend eine Stelle. Trotzdem kommen sie aufgrund ihrer Fähigkeit, sich auch unter schwierigsten Bedingungen zu bewähren, letztlich doch durchs Leben.

Stattdessen befassen wir uns zunächst mit dem, was unsere Vorfahren als Glückshaut bezeichnet haben.

Kapitel 3

Glückshaut - die biologischen Tatsachen

Die Glückshaut oder auch Glückshaube genannt ist eine Art Haut, die bei der Geburt über dem Kopf des Säuglings sitzt. Das sieht dann so aus, als hätte man ihm ein Häubchen übergezogen.

Unter biologisch-medizinischem Gesichtspunkt ist die Glückshaut die unverletzte Eihaut, wenn bei der Geburt kein Fruchtblasensprung stattgefunden hat. Der Säugling hat also schlicht und ergreifend das, was sein Nest neun Monate zusammengehalten hat, nun auf dem Kopf und um die Schultern sitzen, was äußerst selten vorkommt. Klar, dass man es deshalb besonders beachtete und als göttliches Zeichen deutete.

In dieser Außergewöhnlichkeit sah man einen Wink des Schicksals für das neugeborene Kind. Seine Eltern strahlten vor Glück, weil ausgerechnet ihr Säugling vom Schicksal auserkoren war, glücklich durchs Leben zu gehen. Sicher dachten sich die Eltern, dass etwas von dem Glück auch auf sie abfärbte. Dass durch ihr Kind mit seiner Glückshaut das Glück ins Haus zog und die gesamte Familie daran teil hätte.

Schon zu Zeiten der alten Römer nannte man die Kinder, die auf diese Weise geboren wurden, Glückskinder.

Die Haube, also die Fruchtblase, wurde vorsichtig entfernt und noch gegen Ende des Mittelalters von den Geburtshelferinnen als Glücksbringer zu Geld gemacht. So clever wie naheliegend, denn die Menschen wollten sich mit der Glückshaut ein Stück vom Glückskuchen kaufen.

Der Teufel mit den drei goldenen Haaren ist nur eines der Märchen, die sich ausdrücklich mit der Glückshaut befassen. Ihnen ist Folgendes gemeinsam: Glück hat derjenige, der mit einer Glückshaut geboren wird. Das bedeutet nicht, dass ein solcher Mensch nicht schwerwiegenden Herausforderungen ausgesetzt ist oder keinen Schicksalsschlägen begegnen muss. Auch er muss Entbehrungen aushalten und Ängste ausstehen.

Der Glücksjunge aus dem Märchen überlebt den Mordanschlag des Königs. Er landet bei Eltern, die selber keine Kinder bekommen können und in dem Jungen einen besonderen Wink des Schicksals sehen: Sie bleiben nicht für immer kinderlos. So nehmen sie das Kind dankbar und voller Liebe auf. Eine gute Voraussetzung für einen Säugling.

Die Kraft der Glückshaut

Hat man eine Glückshaut, wohnt einem eine Kraft inne, die bewirkt, dass das Dunkle nicht von einem Besitz ergreift. Dass das Böse einen nicht dauerhaft unterkriegt. Weder der *Teufel mit den drei goldenen Haaren* himself noch der nach Status und Gold gierende König können dem Glücksjungen etwas anhaben. Die scheinbaren Zufälle sind eindeutig auf der Seite des Glückskinds.

Bereits hier wird deutlich, dass es Glück nur gibt, weil es auch das Unglück gibt. Zwischen diesen beiden spielt sich das Leben ab.

Die Glückshaut ist, wie das Märchen vorführt, ein Schutz, so scheint es jedenfalls, die den Menschen unverletzlich macht.

Es ist zum Beispiel ein Glück, unhinterfragt geliebt zu werden wie es das Findelkind durch seine Zieheltern, den Müller und seine Frau, erfährt. Nur wer Liebe bekommt, kann selber lieben.

Wenn man sich ohne Wenn und Aber geliebt fühlt, kann keine Verletzung so tief einschneiden, dass sie einen ernsthaft gefährden könnte.

Dem Mythos entsprechend verhindert die Glückshaut, dass derjenige, den sie schützt, lächerlich, hilflos, verloren oder würdelos wirkt.

Du merkst, worauf das hinausläuft: Ein solcher Mensch entwickelt demnach ein unerschütterliches Selbstbewusstsein. Und – fast noch wichtiger – ein unerschütterliches Vertrauen ins Leben, weil er erfährt, dass es das Leben gut mit ihm meint, auch wenn nicht immer alles glatt läuft.

Gerade in Märchen läuft niemals alles glatt. Aber immer findet sich für den Müllersohn eine Lösung und wo eine Türe zugeht, öffnet sich eine andere.

Dass das Glas nicht halbleer, sondern halbvoll ist, hat das Kind, das mit einer Glückshaut zur Welt kam, in sein Alltagsbewusstsein aufgenommen.

In den Märchen werden Kinder gleich mit einer Glückshaut geboren. Mag sein, dass eine günstige Veranlagung weiter zu der phantastischen Wirkung der Glückshaut beiträgt. Aber ganz wesentlich ist zu ihrem Erlangen und zu ihrer Pflege die frühkindliche Umwelt. Viele Beobachtungen, Untersuchungen, Experimente haben das herausgefunden. Natürlich geht es nicht darum, ob jemand in biologischem Sinn mit der unversehrten Eihülle um Kopf und Körper geboren wurde. Es reicht völlig, dass man jemandem nur nachsagt, er habe eine Glückshaut.

Niemand ist dauerhaft glücklich

Es ist unsinnig, so zu tun, als gäbe es Menschen, die ununterbrochen glücklich sind. Niemand ist das.
Es kann nur darum gehen, zu denjenigen zu gehören, die wissen, wie sich Glück anfühlt. Die gelernt haben, ein solches Gefühl zu empfinden, ja, es überhaupt zuzulassen. Nur ein intaktes Gefühlsleben kennt die Skala des Glücks. Sie reicht von lau über stark bis zum Überschwang, dass man sich vor *Glück kaum lassen* kann. Wie alle anderen Gefühle auch hemmt es im Extrem jede vernünftige Handlung. Angst, Wut, Trauer und Freude sowie Fröhlichkeit und ihre Kombinationen machen das Gefühlsleben insgesamt aus. Das Glücksgefühl ist eine Spielart der Freude. Aber nicht nur. Es ist eine Grundhaltung, die auch dann noch greift, wenn Trauer oder Wut die Emotionen aufmischen. Glück ist mehr als nur ein Gefühl.

Glückspilz und Pechvogel

Vieles ist eine Sache der Betrachtungsweise, was positives und negatives Denken unmittelbar zeigen.
Glückspilz und Pechvogel fahren gemeinsam in den Skiurlaub.
Am letzten Ferientag veranstalten sie ein Wettrennen.
Anlässlich einer besonders rasanten Abfahrt bei schmaler, steiler Buckelpiste brechen sie sich je ein Bein.
Glückspilz sagt: Was für ein Glück, dass es erst am letzten Urlaubstag passiert ist. So konnte ich meine Ferien wenigstens bis zum Schluss genießen. Und – mal ganz ehrlich – ich war schneller als du. Stimmt's?
Und Pechvogel? Was sagt der?
Ausgerechnet am letzten Tag. Dass das noch sein musste,

wo ich doch schon fast alles erfolgreich und unfallfrei hinter mir hatte. Hätte ich mich bloß nicht auf so einen Quatsch eingelassen.

Du ahnst, welcher Bruch schneller heilt…

Glückshormone können nämlich nicht unwesentlich zu einem positiven Krankheitsverlauf beitragen – in unserem Beispiel zu einem schnellen Heilungsprozess der gebrochenen Knochen.

Think positive!

Nicht nur eine Sache der Betrachtungsweise

Wem man nachsagt, er habe eine Glückshaut, gleichgültig, ob er nun mit der unversehrten Eihülle über seinem Kopf geboren wurde oder nicht, und er gehe deshalb als Glückspilz durchs Leben, der macht in den meisten Fällen genau das.

Das bedeutet nicht, dass er ununterbrochen übers ganze Gesicht strahlt. Aber seine Grundhaltung, sein positives Denken ist trotz aller Schicksalsschläge unerschütterlich.

Leider funktioniert das auch in anderer Richtung. Und zwar ganz real - nicht nur in der Betrachtungsweise:

Derjenige, der es zum Unglücksraben gebracht hat, tritt in das einzige Loch auf einem Grundstück von der Größe eines Fußballplatzes, knickt unglücklich um und bricht sich den Fuß. Er lässt sich als einziger beim Pfuschen erwischen und wird beim Schwarzfahren geschnappt. Den Führerschein ist er auch los, weil er im Gegensatz zu seinem glücklichen Vetter, der noch viel öfter und bei weitem schneller rast als Pechvogel, auf frischer Tat erwischt worden ist. Natürlich hat er mehr Strafmandate wegen Falschparkens als der Glückspilz. Klar, dass ihm der Urlaub verregnet, der Flug gestrichen, das Gehalt gekürzt wird und die Frau abhaut.

Schaut man sich an seinem Arbeitsplatz, im Freundes- und Bekanntenkreis, in unserer Gesellschaft insgesamt um, könnte man zu dem Schluss kommen, unglücklich sein ist hierzulande nicht gerade selten.

Auch die Zeitung ist voller Unglücksraben, womit ich nicht diejenigen meine, denen es an Leib und Leben geht. Der ganz normale Wahnsinn liegt darin, dass sich das Glück bei vielen offenbar davongemacht hat.

Klar, dass es Menschen gibt, die mit schlimmem Kummer fertig werden müssen. Dazu das Heer von Arbeitslosen, von Menschen ohne berufliche Anerkennung und Perspektive.

Aber auch diejenigen mit Haus und Hof, sattem Einkommen und der E-Klasse als kleinem Zweitwagen für die Frau glauben sich im Elend. Glück für den Berufsstand des Therapeuten. Der hat richtig gut zu tun.

Die folgenden Kapitel sollen die wesentlichen Gründe dafür aufzeigen.

Kapitel 4

Sich selbst erfüllende Prophezeiung
Die Macht der Vorurteile

Zur Pflichtlektüre, und das nicht nur in deutschen Schulen, gehört nach wie vor das Schauspiel *Andorra* von Max Frisch. Berechtigterweise. Denn in kaum einem anderen Stück Literatur wird das vorgeführt, was im Fachjargon *Self-fulfilling-prophecy* genannt wird: *Sich selbst erfüllende Prophezeiung.*
Das Stück *Andorra* hat Max Frisch kurz nach dem Zweiten Weltkrieg geschrieben.
Diejenigen unter euch, denen das Drama *Andorra* bekannt ist, können den folgenden Abschnitt getrost überspringen. Für alle anderen folgt hier die Zusammenfassung.

Andorra

Andri, ein junger Mann, ist unehelich gezeugt worden. Zwecks Vertuschung dieses Seitensprungs gibt der Vater seinen Sohn als jüdisches Pflegekind aus.
Die Andorraner begegnen Andri mit massiven Vorurteilen, wie man sie gegenüber Juden hatte. Obwohl sich im Verlauf der Handlung herausstellt, dass Andri gar kein Jude ist, sondern Andorraner wie alle anderen auch, hat er die Vorurteile derart verinnerlicht, dass er sich selber als Jude sieht und sich den Vorurteilen entsprechend verhält. Er erfüllt sie, als habe man ihm einen geheimen Auftrag erteilt: *Du bist kein Handwerker. Als Jude hast*

du das Zeug zum Händler. Also gib das Handwerk auf.
Denn du bist wie alle Juden scharf auf's Geld.
Diese Vorurteile sind Andri bald wie auf den Leib geschrieben. In der Psychologie spricht man von Glaubenssätze. Es sind Aufträge, die sich in Ich-Sätze umwandeln: Für Andri lauten sie also:
Als Jude hab ich das Zeug zum Händler.
Als Jude bin ich auf Geld scharf.
So zählt er irgendwann tatsächlich andauernd sein Geld und reibt sich die Hände wie jemand, der gerade ein Geschäft zu seinem Vorteil gemacht hat. Er akzeptiert, dass es besser ist, nicht Handwerker zu sein, weil er es als Jude eben nicht im Blut habe, sondern dass er sich eher zum Händler eigne. Hierin sei der Jude, wie jeder bestätigen wird, immer schon besonders erfolgreich gewesen. Und obwohl er sehr gerne Tischler geworden wäre und auch schon erfolgreich, aber ohne jede Anerkennung als Lehrling in diesem Beruf gearbeitet hat, wechselt er und wird Händler.
Andri nimmt damit den unausgesprochenen Auftrag an, so zu sein wie ein Jude nach Meinung der Mitmenschen eben ist. Und als angeblicher Jude endet er auf tragische Weise. Er wird durch ein rassistisches Nachbarvolk ermordet.

Der geheime Auftrag wird zum Glaubenssatz

Soweit die Geschichte des vermeintlichen Juden. Warum übernimmt jemand die Vorurteile und kann die ihm angehefteten Eigenschaften nicht wieder ablegen, sogar wenn sie nachweislich jeder Grundlage entbehren? Und wie heftig übernehmen wir das Bild, das einer von uns entwirft? Und warum glauben wir, dass wir tatsächlich so sind, wenn man es uns nur oft genug einbläut?

Warum sind wir, ohne nachzudenken, Täter, indem wir uns ein Bildnis machen, in das wir den anderen hineinpressen? Es ist, als ob wir den anderen mit einem geheimen Auftrag ins Leben schickten, den er ohne Wenn und Aber erfüllen muss. Und das kommt nicht gerade selten vor...

Zur Übertragung von Informationen

Verantwortlich für die *sich selbst erfüllende Prophezeiung* sind die Kontaktstellen (Synapsen) zwischen unseren Nervenzellen, die auf chemische Weise zustande kommen. Sind solche neu entstandenen Kontakte auch nach 24 Stunden noch vorhanden, dann funktionieren sie zur Übertragung von Informationen zwischen den Nervenzellen. Jede neue Kontaktstelle bewirkt, dass das Gehirn ein ganz klein wenig umgebaut wird. Wird uns also mehrfach ein und dieselbe Information gegeben, so bilden sich nicht nur neue Kontakte in unserem Gehirn, sondern diese werden immer dicker. So funktioniert Lernen. Anders herum gesagt: Wann immer der Mensch lernt, bilden die Nervenzellen im Gehirn neue Kontakte mit Nachbarzellen aus. Wird das Gelernte häufig wiederholt und also behalten, so werden aus diesen Kontaktstellen dicke und damit langfristige Verbindungen.

Ein grundlegender Versuch

Dass der Mensch lernen muss, damit er eine (Über-) Lebenschance hat, ist selbstverständlich, denn sonst gäbe es den im Vergleich zum Tier doch recht unfähigen Menschen gar nicht. Seine Spezies wäre längst erfroren, aufgefressen, verhungert. Aber der Mensch lernt eben auch Dinge, die ihm nicht gut tun. Hierzu ein verblüffendes Beispiel.

1968 wurde von einem Professor für Psychologie, Robert Rosenthal, ein bahnbrechendes Experiment durchgeführt, das man später vielfach wiederholt hat – mit immer demselben Ergebnis.

Rosenthal machte dem Kollegium einer Grundschule weis, dass bestimmte Schüler und Schülerinnen hochintelligent seien. Die Schüler und Schülerinnen wurden den unterrichtenden Kollegen und Kolleginnen namentlich benannt. Was das Kollegium nicht wusste: Die betreffenden Kinder waren wie ihre Mitschüler von durchschnittlicher Intelligenz (hatte Rosenthal durch „heimliche" Tests herausgefunden). Rosenthal hatte sie nach dem Zufallsprinzip ausgesucht und als besonders begabt ausgewiesen.

Am Ende des Schuljahres zeigten sich bei den Intelligenzmessungen verblüffende Ergebnisse: Die Kinder der angeblich so intelligenten Kinder steigerten tatsächlich ihren Intelligenzquotienten, fast die Hälfte um 20 und mehr Punkte, einige sogar um über 30 Punkte, was eine Menge ist. Interessant ist außerdem, dass der Charakter der als besonders begabt ausgegebenen Kinder von den Lehrern auch als besonders positiv empfunden wurde. Man lobte die Kinder, weil sie so angenehm, aufmerksam, wissbegierig und lernfähig waren.

Zwar wurde Rosenthals Experiment von einigen Wissenschaftlern kritisiert – aber wirklich entkräften konnte man es bisher nicht. Zu viele Nachfolgeexperimente kamen zu sehr ähnlichen Ergebnissen.

(E. R. Smith, D. M. Mackie: *Social Psychology*. Psychology Press, 2. Auflage 2000, S. 94f.

E. Aronson, T. D. Wilson, R. M. Akert: *Sozialpsychologie*. Pearson Studium. 4. Auflage 2004. S.23

Elliot Aronson, Timothy D. Wilson, Robin M. Akert. "Sozialpsychologie". 2008. München: Pearson Studium; Abbildung 3.6, S. 68)

Erfüllung von Erwartungen

Wie kann es zu einer solch erhöhten Intelligenz kommen? Ein im Grunde einfacher Mechanismus ist dafür verantwortlich. Die Lehrer stellen an die angeblich besonders intelligenten Schüler höhere Anforderungen. Sie sind ihnen gegenüber besonders aufmerksam, was den Lerneifer fördert. Das wiederum ruft bei dem Schüler den Wunsch hervor, die Erwartung, die er vom Lehrer ausgehend an sich gerichtet spürt, zu erfüllen. Auch hier haben wir wieder geheime Aufträge, die zu unausgesprochenen Glaubenssätzen werden:

- *Ich bin klug.*
- *Ich schaffe auch hohe Anforderungen.*
- *Ich werde mich anstrengen und Erfolg haben.*

Der Schüler lernt den Unterrichtsstoff besonders gründlich, wiederholt vielleicht auch intensiver, die Kontakte zwischen den Nervenzellen verdicken sich: es wird gelernt. Das Gehirn erfährt einen kleinen Umbau nach dem anderen – die Intelligenz des Kindes nimmt zu, was sich am Ende des Schuljahres im Test zeigt: Der Intelligenzquotient ist gestiegen.

Sich selbst erfüllende Prophezeiung

Ähnlich funktioniert die *sich selbsterfüllende Prophezeiung* bei allgemeinen gesellschaftlichen Vorurteilen. In Anlehnung an das Drama von Max Frisch bezeichnet man dieses Phänomen als *Andorra-Effekt.*
Im Drama hat Andri, die Hauptfigur, gelernt, was er alles für Eigenschaften hat, die man angeblich nur bei Juden findet. Eine Aneinanderreihung von Vorurteilen. Er lernt, sich genau nach dieser ihm aufgedrückten Rolle zu verhalten. Aus dieser Rolle, was nichts anderes ist als der

oben genannte geheime Auftrag, also die Erwartungshaltung der Mitmenschen an eine Person, kommt er nicht mehr heraus. Die Nervenkontakte haben ihn regelrecht auf dieses Verhalten programmiert und er kann dieses Programm nicht so einfach wieder abschalten, selbst wenn er wollte. Denn die Kontaktstellen sind unwiderruflich da: zwischen den Nervenzellen nämlich. Und dort übertragen sie die Informationen, ob Andri will oder nicht.

So ist die *sich selbsterfüllende Prophezeiung* eine Vorhersage, die sich erfüllen muss, weil man sich gar nicht mehr anders verhalten kann, wenn die Kontaktstellen erst einmal vorhanden sind.

Vorurteile und wie wir sie erfüllen

Das Ganze funktioniert auf allen möglichen Gebieten.

Wer schön ist, muss auch gut sein. Ein altes Vorurteil, nach dem klassische Schönheit von innen kommt und für ein angenehmes Äußeres entscheidend mitverantwortlich ist. So dachte man jedenfalls schon in grauer Vorzeit.

Bis heute hat sich gehalten, dass attraktiven Menschen auch eher gute Eigenschaften zugeschrieben werden. Sie gelten als freundlich, gesellig und aufgeschlossen. Deshalb werden attraktive Menschen von ihren Mitmenschen entsprechend behandelt: Offen, freundlich, zuvorkommend. Und was passiert nun? Sie reagieren mit einem ähnlichen Verhalten, nämlich offen, aufgeschlossen und umgänglich.

Die positiven Vorurteile bestätigen sich. Auch diese Verkettung wird als *sich selbsterfüllende Prophezeiung* bezeichnet.

Was empfinden wir als hässlich?

Einen Menschen, an dem sozusagen dran steht, ich bin frustriert, mein Leben ist verpfuscht, ich ziehe jeden runter, meine Ernährung ist das letzte, ich bin ein Frust-Fresser und habe mich aufgegeben?

Schau dir kleine Kinder an. Die allermeisten sehen niedlich aus, anmutig, hübsch, zierlich oder kraftstrotzend, schelmisch, fröhlich. Solange sie sich geliebt fühlen, sie vernünftig ernährt werden und sich nicht pausenlos langweilen, haben sie die Chance auf eine dauerhaft positive Ausstrahlung. Kurz: Es gibt Menschen, die sich um sie kümmern.

Aber man hat in der Tat schlechtere Karten, wenn man zum Beispiel mehrere Kriterien der folgenden Merkmale auf sich vereint: verhärmt, körperlich aus den Fugen geraten oder knochig wie ein Skelett, graumäusig, also von geringer Ausstrahlung, um einige wesentliche Kennzeichen zu nennen. In einem solchen Fall muss man bereits als junger Mensch gegen besagte Attraktivitätsvorurteile ankämpfen. Man muss seine Mitmenschen quasi von dem Gegenteil dessen überzeugen, was man auf den ersten Blick darstellt. Eine anstrengende Angelegenheit, die oftmals überfordert.

Sind denn vielleicht die weniger Attraktiven die Tüchtigeren, weil sie mehr durch Können überzeugen müssen?

Nein.

Man tritt den *Schönen* aufgeschlossener, offener gegenüber, was oft auch in der Schule der Fall ist. Und mit angeblich guten Eigenschaften wird man häufiger gelobt, lernt leichter, besser, mehr, um die Rolle entsprechend zu erfüllen usw. Siehe oben. Die Katze beißt sich hier in den Schwanz …

Selbstzerstörung

Die *sich selbsterfüllende Prophezeiung* kann genauso eine zerstörerische sein. Eine üble Vorstellung. Denn natürlich wird auf dieselbe oben beschriebene Weise gelernt, dass jemand besonders dämlich und also unintelligent ist, dass er nicht in der Lage ist, zwei und zwei zusammenzuzählen. Er mache immer nur Sorgen; er sei schon in jungen Jahren so angeberisch wie Tante Andrea und so rücksichtslos und rechthaberisch wie Onkel Paul und werde niemals so klug und erfolgreich in der Schule wie der große Bruder. Er sei unglaublich naiv, um nicht zu sagen, dumm. Dass er über zehn Daumen verfügt, alle links, und alleine deshalb nichts zuwege bringen kann. Dazu noch der Ton, der bekanntlich die Musik macht. Unfreundlich, angewidert, ätzend. Zur Untermalung eine abweisende Gestik und Mimik. Da kommt einiges zusammen, was einem Kind das Glück austreiben kann, bevor es sich hat richtig einnisten können.

So entfalten Vorhersagen, wenn man sie oft und über alle Kanäle, also die Sinne wie Hören und Sehen, eingetrichtert bekommt, auf traurige, zuweilen echt gefährliche Weise eine Eigendynamik. Denn das Gehirn lernt die Scheußlichkeiten und speichert sie genauso ab wie Lobeshymnen, weil sich folgende Glaubenssätze entwickeln:

- *Ich bin ungeschickt.*
- *Ich bin dumm.*
- *In der Schule werde ich erfolglos bleiben. Ich brauche mich gar nicht erst bemühen. Bringt ja doch nichts.*

So haben wir die Lösung, warum Pechvogel in das einzige Loch eines fußballgroßen Platzes tritt und sich den Fuß mindestens verstaucht: Sein (dummes!)

Unterbewusstsein sucht geradezu nach diesem einzigen Loch. Allen Ernstes hält es, ohne dass das Bewusstsein es korrigieren kann, nach diesem blöden Loch Ausschau, damit sein Besitzer, wie es sich für einen Pechvogel gehört, hineinstolpern kann. Sein Glaubenssatz lautet: *Falls es hier ein Loch gibt, taumel ich hinein.*

Er ist halt ein Tollpatsch. Geheimer Auftrag erfüllt! Genauso guckt er den Kontrolleur, kaum dass dieser den Bus betritt, schuldbewusst und voller Unsicherheit an. Ist ja klar, dass man ihn als ersten nach einem gültigen Fahrausweis fragt.

Und warum haut ihm die Frau ab? Oder Pechvögelin der Gatte? Du weißt vermutlich, dass einem der Partner/die Partnerin aus vielfältigen Gründen abhandenkommen kann. Aber Pechvogel und -vögelin werden es als ihr persönliches Pech interpretieren, anstatt zu überlegen, welche individuellen Gründe dazu geführt haben könnten.

Musste ja so kommen. War ja nicht anders zu erwarten ...

Sie lassen die Köpfe hängen – viel länger als unser Glückspilz, der ebenfalls eine Trennung verkraften muss. Aber der geht die Sache an und bezieht das Elend der Welt nicht allein auf sich persönlich, auf sein Deo, was versagt hat, und auf seinen verpennten Schutzengel. Denn unser Glückspilz hat gelernt, dass er ein toller Typ ist und sein Partner/seine Partnerin halt nicht so recht zu ihm passte. Deshalb trauert er jetzt ein bisschen, um dann das Leben wieder schön zu finden. Hat schließlich bisher auch immer geklappt.

Ist Glück beeinflussbar?

Sind wir ausschließlich Opfer der sich selbst erfüllenden

Prophezeiung, sodass es unabhängiges Glücksempfinden gar nicht gibt? Laufen wir ab wie eine Waschmaschine nach einem festen Programm?

Sicher nicht in allen Punkten, denn Glück ist oft mit der Entfernung von Angst, mit der Gesundung oder zumindest Beherrschung einer schlimmen Krankheit verbunden. Es ist als positives Gefühl sozusagen ein Signal dafür, dass etwas noch einmal gut ausgegangen ist. Schließlich ist das menschliche Gehirn in erster Linie auf Katastrophen hin angelegt, damit wir eine Chance haben, wenn Gefahr lauert. Unsere Spezies hat nur deshalb bis heute überlebt, weil der Mensch ständig damit rechnen musste, dass es ihm an den Kragen ging. Die Überlegenheit negativer Gefühle und Vorstellungen dient der Sicherung der nackten Existenz. So gesehen ist es das größte Glück, in Anbetracht aller lauernden Gefahren zu überleben.

Ein Mann sitzt in einem riesigen Kochtopf.

Anlässlich einer größeren Feier ist er als Zwischenmahlzeit für einen Brunch unter Kannibalen auserkoren. Nun stöhnt und jammert er, weil das Feuer unter seinem Topf ihm ordentlich zu schaffen macht.

Er hockt also in der brodelnden Suppe, die Hände greifen über die Kannte und sein Gesichtsausdruck ist erbärmlich.

Plötzlich wird das Feuer schwächer, die Kannibalen haben irgendwie vergessen, nachzulegen. Überhaupt sind sie mit sich selber beschäftigt.

Und was macht die geplante Zwischenmahlzeit?

Der Mann stellt sich in seinem Topf auf die Zehenspitzen, beugt sich über den Rand. Wird er es auf die andere Seite schaffen?

Oh, er versucht es gar nicht erst. Stattdessen ergreift er das am Topf angelehnte Stocheisen und bringt das Feuer eigenhändig wieder richtig in Gang.

Dann lässt er sich zurück in die Brühe fallen, krallt sich wieder mit den Händen am Rand fest und hockt da wie vorher. Jämmerlich klagend ...

In der zivilisierten Welt, in der wir nicht mehr andauernd darauf bedacht sein müssen, dass wir in das Beuteschema von Kannibalen oder eines Tieres passen und damit bei Gelegenheit als Mahlzeit herhalten müssen, ist Glück zum großen Teil ein Empfinden, das wir von klein auf lernen, das wir auf uns beziehen, mit unserem Alltag verbinden – oder eben nicht. So gesehen hat eine bewusste Beeinflussung des eigenen Glücksempfindens nur begrenzte Erfolgsaussichten.

Die Geschichte von dem Mann im Kochtopf macht es bildhaft: Er könnte glücklich sein, weil das Feuer ausgeht, er die Chance bekommt, unauffällig abzuhauen und auf diese Weise noch einmal mit dem Leben davonzukommen. Aber glücklich sein hat er nicht gelernt. Also sorgt er dafür, dass wieder die Situation eintritt, mit der er gelernt hat, umzugehen. So kann er die (traurige) Rolle weiterspielen: Als Unglücksrabe.

Und für dieses starre Festhalten auch an Verhaltensweisen, die man selber gar nicht will, gibt es Ursachen.

Kapitel 5

Der Spiegeleffekt
Bewusstsein und Einfühlung

Es gibt eine ganze Menge, was den Menschen vom Tier, diesem in seiner jeweiligen Besonderheit hochspeziali- sierten Wesen, unterscheidet. Und das liegt vor allem an unserem Gehirn.

Das menschliche Gehirn bringt es auf zwei herausra- gende Fähigkeiten: Bewusstsein und Einfühlungsvermö- gen. Letzteres wünschen wir uns manchmal vergebens von unserem Gegenüber.

Soweit die Fakten.

In Goethes berühmtem Briefroman *Die Leiden des jun- gen Werther* zum Beispiel wird sich eingefühlt, bis die Tränen kommen. Ein rührseliges Stück, in dem reichlich geheult wird, dessen Sprache (Zum Beispiel redet Werther seinen Freund im Brief oft mit *Liebster Wilhelm* an) und Handlung heutzutage so manchen befremden dürften. (Liebe Schüler/innen! Mein Mitgefühl ist euch sicher.☺)

Einfühlungsvermögen (Empathie) ist in den verschiede- nen Epochen mal mehr, mal weniger gefragt. Es hängt also auch vom Zeitgeist ab.

Zum Beispiel schreibt sich ein Motto, das die Jugend als hart wie Kruppstahl ausgibt, wohl kaum Einfühlungsver- mögen auf die Fahne. Denn wer unnachgiebige Härte an den Tag legen soll, muss es sich geradezu verbieten, in die Schuhe des anderen zu schlüpfen. Schon aus Selbst- schutz. Denn ein Gefühl wie *Mitleid* stand zum Beispiel im Dritten Reich nicht auf dem Programm.

Emotionale Intelligenz

Seit einigen Jahren weiß man, dass es neben der erkennenden, auf Denken beruhenden (kognitiven) Intelligenz die emotionale gibt. Sie wurde lange übersehen und damit auch die herausragenden Leistungen, die mit ihr einhergehen.

Durch emotionale Intelligenz ist man in der Lage, die Gefühle betreffenden Informationen des anderen überhaupt wahrzunehmen. Man merkt schnell, ob der andere Anteil nimmt: An Nachfragen, an der Mimik des Gegenübers, an seiner Körperhaltung, an der Zeit, die er sich nimmt usw. Ohne Einfühlungsvermögen haben Beziehungen keinen Bestand. Sie sind nicht tragfähig, können eine Freundschaft, ein Liebesverhältnis im wörtlichen Sinn nicht tragen – über schwierige Strecken, über seelische Verletztheit bis hin zu schicksalhaften Abgründen.

Besonders wichtig: Emotionale Intelligenz ist natürlich auch Voraussetzung, um mit den eigenen Gefühlen umzugehen. Nur dann bin ich in der Lage, Glücksgefühle zu entwickeln. Oder zu bemerken, dass sie mir fehlen. Wer gut mit seinen Gefühlen umgehen kann, wer sie aufspürt, auf sie hört, kann sie annehmen oder infrage stellen. Er kann Ursachenforschung betreiben, warum sich zum Beispiel für längere Zeit kein Glücksgefühl bei ihm eingestellt hat. (Ein Tipp für den Mann aus dem Kannibalen-Kochtopf.)

Wer die Bedürfnisse anderer wahrnimmt, registriert auch seine eigenen. Man spricht von emotionaler Problemlösung, wenn man daran arbeitet, Gefühle zu verstehen und sie zu verändern.

Einfühlsamkeit ist eine Grundvoraussetzung, denn sie lässt uns den Alltag im Miteinander mit den anderen

Menschen erst ertragen und gestalten.

Emotionale Intelligenz und Selbstbetrug

Was hat Einfühlsamkeit mit dem Mythos der Glückshaut
zu tun?
Eine ganze Menge.
Wenn du inne hältst, spürst du, was dir gut tut. Meistens
weiß man ganz genau, in welche Richtung zum Beispiel
eine wichtige Entscheidung zu fallen hat. Und unser kluges Unterbewusstsein schickt uns genau zu demjenigen
aus unserem Freundeskreis, von dem es ahnt, dass genau
der Rat kommt, den unser Bauchgefühl von Anfang an
parat hatte. Eine unter Umständen dumme Tatsache,
denn sie funktioniert auch in ungute Richtung.

Jamila ist im Rausch. In der City ist ihr ein rotes Seiden-
kleid begegnet. Im Schaufenster einer Boutique, die
Jamila bisher nicht betreten hat. Zu teuer. Zu extrava-
gant.
Aber nun muss sie dieses Kleid besitzen. Nur mit ihm
kann sie auf dem Festakt ihrer Firma glänzen, bei der sie
seit kurzem den ultimativen Job hat. Alles andere wäre
voll daneben. Ihr gesamtes Glück hängt in diesem Moment von genau diesem Kleid ab.
In Gedanken geht sie die Armada ihrer Freundinnen
durch. Maike. Ganz klar. Sie wird Maike fragen, was sie
von dem Kleid hält. Und nebenbei auch den Preis erwäh-
nen.
Sie holt sich also Rat bei Maike, einer ihrer allerbesten
Freundinnen. Sie ist eine der Marke *besonders ver-
schwenderisch*. Und es ist völlig logisch, was Maike
Jamila rät: *Kauf das Kleid, bevor es dir jemand weg-
schnappt. Ist doch egal, wenn du eh schon pleite bist.*

Jamila haut Ihr letztes Geld auf den Kopf.

In den allermeisten Fällen wissen wir vorher, wer uns in welcher Weise beraten wird. Man fühlt sich anschließend bestätigt. Aber im Grunde handelt es sich um eine Art von Selbstbetrug. Wir glauben, unser Gefühl habe uns geholfen, die richtige Entscheidung zu treffen, weil ja die Freundin/der Freund unseren Wunsch bestätigt hat.

Da wir in einem komplizierten gesellschaftlichen Gefüge leben, sind wir bis zu einem gewissen Grad in der Lage, unsere Gefühle hintanzustellen oder aufzuschieben. Wir können sie sogar unterdrücken, was im Extremfall krank macht. Auf jeden Fall löst es Stress aus.

Menschen, die über Jahre an einem falschen, weil unliebsamen Arbeitsplatz festhalten, weil sie nichts Passenderes finden oder sich einen Wechsel nicht zutrauen, spüren sehr genau, dass ihnen das nicht gut tut. Auch weiß jemand, der eine Beziehung aufrecht erhält, die längst den Namen nicht mehr verdient, wie falsch sich seine Situation anfühlt. Liebe ist es jedenfalls nicht, weshalb er da ausharrt, wo er sich schon lange nicht mehr wohlfühlt.

Unser Bauchgefühl lässt uns selten im Stich. Es kann bei normal entwickelter emotionaler Intelligenz sehr genau zwischen dem Gefühl von Glück und Unglück unterscheiden.

Irgendwo dazwischen liegt die Gleichgültigkeit, ein höchst unbefriedigender Zustand, wenn dieser zum Beispiel die Zweisamkeit betrifft und von Dauer ist. Man bewertet das Leben als unabänderliche Macht, die einen im Griff hält. Im Klartext: Man hat die Eigenverantwortung abgegeben. Eine bequeme Haltung, denn sie verdeckt das eigene Versagen, das mit an dem Zustand beteiligt ist. Gleichzeitig mindert man die Chance, dass der andere für sich selbst eine grundlegende Entscheidung trifft, weil man die Auseinandersetzung meidet. Gleichgültigkeit lässt einen abstumpfen. So, als sei man selber ganz unwichtig. *Hat ja doch alles keinen Zweck* hört man solche Menschen sagen. *Andere haben's auch nicht besser. Gibt Schlimmeres.* An Beschwichtigungsformeln ist die menschliche Sprache nicht arm.

Glück wird erlernt

Sicher hast du folgende Beobachtung gemacht: Das Baby zeigt zum ersten Mal eine Grimasse, die als Lächeln durchgeht. Alle Umstehenden werden es anstrahlen, es auf den Arm nehmen wollen, herzen und wiegen und alles tun, was man mit so einem Baby aus lauter Freude anstellen kann, schon deshalb, damit es noch einmal so entzückend lächelt. Das Baby fühlt sich großartig, denn es spürt Liebe und Nähe, ringt sich gleich noch so ein Grinsen ab und erntet dieselbe Reaktion.

Mimik und Gestik werden in den ersten Lebensjahren, die für die menschliche Entwicklung der Psyche fundamental sind, als Spiegel empfunden. Das Kleinstkind lernt, wenn ich lache, lachen die anderen zurück. Es erkennt sich wie in einem Spiegel an dem Verhalten seiner Mitmenschen wieder. Am Anfang sind das im Normalfall Eltern, Großeltern, Geschwister und weitere Anverwandte. Und weil Lachen mit den beschriebenen Folgen ein angenehmes Gefühl ist, wird das Kleinstkind es darauf anlegen, möglichst oft davon zu bekommen.

Das Spiegeln von Gefühlen ist grundlegend für das Erlernen von Einfühlsamkeit. Kann sich das Kind in dem Verhalten seiner engsten Mitmenschen wiedererkennen, wird sein Gefühl bestätigt. Es hält seine Gefühle für genau richtig. Lacht es, so ist es davon überzeugt, dass sein Lachen in diesem Moment angebracht ist. Auch sehr bald, ohne dass jemand anderes zurücklacht, denn es ist nach einiger Zeit von der Spiegelung unabhängig geworden.

Lächelt das Baby, wird zurückgelacht. Hierdurch wird sich das Kinderlachen weiter verstärken. Jetzt schaukeln sich Liebe, Nähe, Lachen zu einem angenehmen Empfinden auf. Glückshormone werden ausgeschüttet, und Baby fühlt sich großartig.

Auch Glückskind wird eigenständig und ist bald in der Lage, sich selbst aufzuheitern, zu besänftigen, zu trösten. Es hat emotionale Intelligenz, und die kann es schon früh für sich nutzen. Seine Welt ist in Ordnung. Es weiß, wie es sich selber gute Laune macht. Vielleicht singt es, betrachtet sein Lieblingsbilderbuch oder beginnt zu hüpfen.

Auch diese Aspekte greift das Märchen *Der Teufel mit den drei goldenen Haaren* auf. Denn es wird dem Jungen nicht leicht gefallen sein, sich im unwegsamen Gelände bis zu besagtem Räuberhaus zurechtzufinden, um dann geradewegs in die Hölle zu marschieren. Also muss er sich selber motivieren und bei Laune halten, um nicht zu verzagen.

Die Spiegelung funktioniert natürlich auch in andere Richtungen des Gefühlslebens.

Lächelt das Baby und keiner erwidert sein Lächeln, wird es bald damit aufhören. Ist es aus irgendeinem Grund sauer gefahren, und sein Gegenüber guckt auch nicht viel besser – und das immer öfter – so verinnerlicht es das damit sich verbindende Gefühl.

Kinder erkennen, spiegeln und erlernen Gefühle also in früher Kindheit. Wie für Denken und Sprechen bildet die erste Lebensphase (siehe Kapitel 13 und 14) auch hierfür

die Grundlage.
Dazu gehört das Gefühl von Glück.

Kapitel 6

Eine Doppelstunde Glück

Ein neues Unterrichtsfach

Mit Interesse las ich vor einigen Jahren über ein damals neues Unterrichtsfach an der Heidelberger Willy-Hellpach-Schule, einem Wirtschaftsgymnasium und einer Berufsfachschule in Baden-Württemberg. Das neue Schulfach heißt *Glück*. Es gibt etliche Schulen, die es den Glücks-Vorreiter-Schulen nachmachen.

Man stellt das neue Fach recht begeistert vor. Unterrichtsinhalt ist ein fächerübergreifendes Sammelsurium aus Sport, Ernährung, Biologie, Motivation, Philosophie, szenisches Spiel (eine Art Schauspielunterricht) und Bewegung, das den Schülern nahe bringen soll, was Glück eigentlich ist beziehungsweise sein kann. So geht es zum Beispiel um das Erfahren von Vertrauen, wenn sich ein auf dem Rücken liegender Schüler von zehn Mitschülern hochgehoben und durch den Raum getragen fühlt.

Im Sport steht die Ausschüttung von Glücksbotenstoffen (sogenannten Endorphinen) im Mittelpunkt. Zum Beispiel eröffnet die Kletterwand neue Möglichkeiten, sich zu erfahren. An ihr kann man nicht nur seine Grenzen spüren, sondern auch, wie toll sich das anfühlt, wenn man bei jedem Klettern besser wird, indem man es ein Stückchen höher schafft. Und dass man keine Angst haben muss, auf den Boden zu knallen, weil die anderen einen zuverlässig sichern.

Der Schüler/die Schülerin erlebt, dass Vertrauen glücklich macht: Ich kann mich auf den Partner, der mich sichert, verlassen. Ein gutes Gefühl.

Dass unsere Kinder viel zu viel sitzen, ist bekannt. Wer sich nicht bewegt, produziert keine Glücksbotenstoffe. Also wird Ausdauersport betrieben, denn der wirkt antidepressiv. Wer joggt, schwimmt, Rad fährt, wandert oder mit Nordic-Walking-Stöcken durch den Wald knüppelt, puscht seinen Serotonin-Spiegel in die Höhe. Und Serotonin ist das Glückshormon. Lernt man im Bio-Unterricht. Sogar moderater Ausdauersport sorgt für gute Stimmung. Hört sich einfach an. Ist es auch.

Das Ziel des Unterrichts liegt auf der Hand: Der junge Mensch soll durch Wissen und Erfahrung zu einer Persönlichkeit heranreifen, für die *Glück* kein Fremdwort ist.

Bereits die Beschäftigung mit dem Thema Glück stimme glücklich, wird der Schulleiter des Wirtschaftsgymnasiums zitiert. Die Freude an der eigenen Leistung, körperliches Wohlbefinden und das *Gewusst wie* sollen gangbare Wege Richtung Glück erhellen. Hört sich gut an.

So ein Unterrichtsfach macht Spaß.

Vor meinem geistigen Auge blickt der Glücksfachlehrer nicht in träge Halbschlafgesichter, sondern wird von einer wachen und fröhlich grinsenden Schülerschaft sehnlichst erwartet. Denn nun geht es endlich los mit dem Glück. Eine wunderbare Vision, wie ich finde. (Sind Lehrer ohne das Glücks-Fach jetzt neidisch? – Aber immer!)

Zeigt nicht alleine die Tatsache, ein solches Fach zu entwickeln und anzubieten, dass unsere Schüler ganz dringend Glück nötig haben?

Dabei steht am Beginn der Schullaufbahn das Glück quasi mit am Start. Denn jetzt geht ein neuer Lebensabschnitt los, einer, der uns nicht nur jede Menge neue Kinderfreundschaften und eine (hoffentlich) an uns interessierte und interessante Klassenlehrerin beschert, sondern der uns befähigt, zu rechnen, zu schreiben und selber ein Buch zu lesen. Unglaublich spannende Schritte in die Welt der Großen.

Was treibt den jungen Menschen meist so schnell aus diesem verheißungsvollen Paradies? Warum bringt er nur mehr oder weniger gezwungen die Schullaufbahn hinter sich? Warum herrscht so viel Streit, ist Mobbing ein mieses Gesellschaftsspiel, fehlt so vielen Kindern jegliche Leichtigkeit beim Lernen?

Zahlreiche Untersuchungen widmen sich diesen Fragen. Aus ihnen geht hervor, dass in erster Linie ungünstige Voraussetzungen aus den Elternhäusern verantwortlich sind. Eigentlich eine Binsenweisheit, soll man meinen. Und die Schule mit ihren viel zu großen Klassen hat nur begrenzt Möglichkeiten, Schüler aus bildungsfernen Elternhäusern aufzufangen. Statt Erfolg, der mit Glückshormonen aufwartet, entstehen Verzweiflung, Fatalismus, Wut. Da kommt so ein neues Unterrichtsfach wie *Glück* gerade recht. Kinder, die gelernt haben, worauf es beim Glück ankommt, werden kaum Spaß an Mobbing, Ausgrenzung und Häme haben. Eine gute Voraussetzung vor allem für diejenigen, die unter ungünstigen Bedingungen aufwachsen.

Kapitel 7

Geistige Entwicklung und Glück

Das biographische Gedächtnis

Das Gehirn produziert im Laufe des Lebens ein biografisches Gedächtnis. Jedes ist einzigartig. In ihm ist die gesamte Lebensgeschichte seiner geistigen Entwicklung aufgezeichnet. Eine Art psychische Landkarte. Genau um diese Entwicklung geht es. Und um die spannende Frage, was das für spezielle Menschen sind, denen man bescheinigt, sie seien mit einer Glückshaut auf die Welt gekommen, auch wenn das biologisch gar nicht den Tatsachen entspricht.

Es sind Menschen, bei denen man Folgendes beobachten kann: Auch wenn für sie nicht täglich die Sonne scheint und sie durchaus in bedrohlicher Weise aus geregelten Bahnen geschubst werden, fallen sie in eine Lücke, die sich als weich gepolstert und mit angenehmen Extras ausgestattet entpuppt. Für sie trifft das Sprichwort zu: Wo eine Tür zufällt, geht eine andere auf.

Wie kann man dem Glück auf die Sprünge helfen, wenn man das Gefühl hat, ohne Glückshaut geboren worden zu sein?

Das Fundament der psychischen Entwicklung

Nicht nur die Gedanken zur frühkindlichen Entwicklung allgemein sind ungeheuer grundlegend, sondern die Ergebnisse zu unserer allerersten Lebensphase, dem Eintritt des neuen Menschen in die Welt. Bereits nach einem

Jahr ist nämlich das Fundament des kleinteiligen Mosaiks unserer geistigen Entwicklung gelegt. Das einjährige Kind ist in seinen Denkstrukturen sozusagen vorgefertigt und damit für alles weitere geprägt.

Eine ungeheuerliche Erkenntnis, wenn man darüber nachdenkt, was alles bereits im ersten Lebensjahr schief gehen kann.

Unser Märchen zeigt deutlich: Glückskind wurde mit Liebe empfangen. Herr und Frau Müller haben sich intensiv mit dem Kleinen befasst, der Junge hat das Urvertrauen erlangt und sein Leben ist schön. So wundert es nicht, dass er als junger Mann sein Glück machen kann. Das wäre auch der Fall, wenn es kein Märchen wäre, sondern die Realität.

Gegen das *Nicht-mehr-drüber-nachdenken*

Du bist vielleicht der Meinung, dass die Wichtigkeit des ersten Lebensjahrs eine allgemein bekannte Tatsache ist. Wissen wir schon lange: Der Mensch muss nur das Urvertrauen entwickeln. Dann hat er die Chance, glücklich durchs Leben zu gehen.

In Anbetracht der zahllosen Ungeheuerlichkeiten, die bereits im Alltag kleiner Kindern geschehen können, in Anbetracht der fast krampfhaften Suche nach einem Schulsystem, das allen Kindern ein gutes Selbstwertgefühl und eine berufstaugliche Bildung beschert, um sie glücklich ins Leben zu entlassen, möchte ich mir ein *Nicht-mehr-darüber-Nachdenken* nicht gestatten.

Du schlägst die Zeitung auf. Oft ist sie mit einer ohnmächtigen Schreiberei über den deutschen Bildungsnotstand gespickt. Man liest über leistungsunwillige Kids, über das Stöhnen von Ausbildern und Professoren über die Dummheit vieler Jugendlicher, über die wachsende

Verwahrlosung und die hohe Jugendkriminalität. Dazu werden schulpolitische Entwürfe aneinander gereiht, mit deren Hilfe die Schulen alles Versäumte und Kaputte in diesen Kindern irgendwie reparieren sollen.

Schule als Reparaturwerkstatt funktioniert aber nicht.

Ich komme zu dem Schluss, dass der Wahrheitsgehalt der Entwicklungspsychologie entweder verdrängt wird oder sich aus unerfindlichen Gründen immer mal wieder aus dem Bewusstsein der Menschen verabschiedet.

Deshalb werden im Folgenden auch einige Binsenweisheiten aufgeführt, über die scheinbar niemand mehr nachdenkt.

Weg von der Geheimsprache

Ein junges Mädchen stolpert von der Schulbank in die Universität. Und dort in eine Vorlesung über Psychologie.

Die frisch gebackene Abiturientin sitzt voller Erwartung in dem überfüllten Hörsaal. Die Entwicklung der Psyche ist das Thema, auf das sie gewartet hat.

Der Professor sieht kaum hoch, als er in den großen Hörsaal schreitet. Er faltet seine Papiere auf. Dann legt er los. Das Auditorium ist mucksmäuschenstill. Aber nur kurz.

Ein Gemurmel hebt an. Man unterhält sich mit dem Nachbarn. Auch die junge Studentin sieht nach rechts und links. Als ihre Nachbarin mit den Achseln zuckt, zuckt sie ebenfalls mit den Achseln. Beide grinsen sich an. Dann beginnen auch sie eine Unterhaltung.

Die junge Studentin war ich. Wie alle anderen habe ich kein Wort verstanden.

Die Entwicklung des Geistes wird in wissenschaftlicher Darstellung soziologisch vorgeführt, will sagen, hochtrabend formuliert und gespickt mit einer unüberschaubaren Fülle von Fachausdrücken. Sogar einfache Dinge wirken oft geradezu verklausuliert, als handele es sich um eine Geheimsprache wie das Ärztedeutsch, damit der Patient nicht gleich begreift, dass es nächstens mit ihm zu Ende geht.

Warum eigentlich kann man es nicht einfach einmal auf Deutsch sagen?

Küchenpsychologie

Ich bin ein großer Fan der Küche. Warum also nicht dort psychologisieren, an dem sich die allermeisten am allerliebsten aufhalten? Wo es warm ist, wo die Vorräte zu Hause sind und die Atmosphäre so etwas erfrischend Inoffizielles hat. Die Küche hat was. Nicht nur, um zu essen, sondern in erster Linie, um zu quatschen. Und zwar im Klartext und in Alltagssprache. Man nennt es *Küchenpsychologie*.

Und weil wir einmal dabei sind, nehmen wir uns gleich alle Stufen der geistigen Reifung des Menschen vor. Sozusagen von der Wiege bis zur Bahre. Denn auch alt sein will gelernt sein. Ist ja auch anstrengend, wenn man so richtig lange durchhält.

Manches klingt in Küchenpsychologie ungewohnt. Wohl auch etwas schräg, vor allem, wenn es zu Übersetzungszwecken nur einen altbackenen Begriff in Deutsch gibt. Aber wenn es der Verständlichkeit dient, ist jedes Wort recht.

Natürlich geht es nicht darum, Fremdwörter grundsätzlich zu vermeiden. Ich gehöre nicht zu den Sprachschützern, die gegen die Fremdwörterei anschimpfen. *Psyche* muss nicht dauernd als *Geist* daherkommen, denn es ist längst ein Alltagswort. In diesem Buch sollen aber nicht länger all diejenigen von der Wissenschaft und ihren Erkenntnissen ausgeschlossen werden, denen soziologisches Fachchinesisch fremd ist. Oder die einfach keine Lust auf lange, verschwurbelte Sätze haben, bei denen man erst nach jedem Satzteil überlegen muss, was man eigentlich gerade gelesen hat. Und da befindest du dich in guter und großer Gesellschaft.

Denn es geht doch um uns: Die menschliche Gattung.

Möchte jemand die Fachbegriffe gerne kennen lernen? Sei es, um in Zukunft Soziologenpalaver besser zu begreifen oder bei Gelegenheit selbst klug daherzureden – tun andere schließlich auch. Oder vielleicht deshalb, um ein solches Geschwätz zu entlarven? Zu diesem Zweck erscheint der jeweilige Fachausdruck an geeigneter Stelle einmal in Klammern. Das ist dann verkehrte Welt: Die gängige Literatur wissenschaftlicher Ausprägung verwendet ein soziologisches Wort nach dem anderen, setzt kleine, nachgeschobene Erläuterungen, meist durch Abkürzungen verstümmelt, in Klammern. Für die Dummen und die ganz Dummen. Da weiß man dann sofort, auf welcher Seite der Klammern man steht.

Unser Glücks-Buch gestattet lediglich hier und da ein „trefflich Wort", wie es Goethe schon in seinem *Faust* ironisch auf den Punkt gebracht hat. Dieses treffliche Wort, gemeint ist der Fachbegriff (Terminus technicus), wird aber in Klammern ein eher nebensächliches Dasein fristen.

Was das Ganze mit dem Buchtitel zu tun hat, soll das folgende Kapitel verdeutlichen.

Ach ja – ich wünsche Dir übrigens viel Vergnügen bei der ein oder anderen Erkenntnis, was die geistige Entwicklung des Menschen mit dem Geheimnis der Glückshaut zu tun hat. Vielleicht bist du ja selber mit einer solchen auf die Welt gekommen und wusstest es bisher nur nicht.

Kapitel 8

Modelle sind praktisch

Damit die Wissenschaft nicht in riesigen, brodelnden Gedankensuppentöpfen herumrühren muss, baut sie Modelle. Das machten schon die alten Griechen, und es hat sich als praktisch erwiesen. Nur so kann man sich gezielt über etwas unterhalten.

Anstrengend daran ist, dass solche Modelle – man könnte sie auch als Gedankengebäude bezeichnen – gedankliche Voraussetzungen benötigen.

Umwelt

Der eine setzt voraus, dass unsere Psyche und damit unsere Fähigkeit, das Leben zu meistern, in erster Linie von der Umwelt beeinflusst wird.

Also: Herr und Frau Müller sind lieb und zufrieden, der Knecht ist mindestens genauso lieb und zufrieden, die gute Stube ist geheizt und das Kind wird umsorgt. So eine glückliche Umwelt kann nur ein glückliches Kind hervorbringen. Es wird sich prächtig zu seinem Besten entwickeln. Auch wenn später die Dinge aus dem Ruder laufen, wird das Glückskind nicht unglücklich, denn das Glück verlässt den Müllerjungen nicht dauerhaft, solange die Umwelt, in unserem Märchen sind das die Städter, die Räuber und des Teufels Großmutter, auf seiner Seite ist.

Wenn laut der Theorie, dass der Mensch ausschließlich das Produkt seiner Umwelt ist, ein Kind von Kindesbeinen an Geigenunterricht von einem netten, motivierenden Geigenlehrer bekommt, wird es ein zweiter Paganini. Der war ein berühmter großer Geiger aus Italien, dem die Welt und mit ihr die Frauen zu Füßen lag. Eine Legende zu Lebzeiten.

Ergebnis: Die Umwelt und damit die gesellschaftlichen Verhältnisse, in die wir hineingeboren werden, sind dafür verantwortlich, was aus uns wird. Wie wir denken, wie wir handeln, was wir gerne tun, was wir lieber nicht so gerne tun. Wie lieb oder wie böse wir werden. Ob wir es zum Verbrecher oder zum Missionar bringen. Die Umwelt hat bei einer solchen Voraussetzung eine enorme Verantwortung. Sie bestimmt das gesamte Lebensgeschick und damit auch, ob einen das Glück finden kann.

Wenn man es extrem betrachtet – und das machen einige Wissenschaftler – dann trägt die Umwelt sogar die komplette Verantwortung für die geistige Entwicklung des Menschen. Und somit auch für sein Handeln. Ob jemand zum Mörder wird oder die Toten lieber als Beerdigungsunternehmer unter die Erde bringt. Ob er fleißig ist und sich in eine Sache reinhängt oder ob er lieber den lieben Gott 'nen guten Mann sein lässt und morgens erst einmal aus dem Fenster schaut, um zu entscheiden, ob es sich überhaupt lohnt, aufzustehen. Allein die Umwelt ist dafür verantwortlich, ob der Mensch sein *Glück* machen kann.

In unserem Eingangsmärchen bilden Herr und Frau Müller, die Mühle und damit geregelte Arbeit die Umwelt unseres Glückskindes, so dass es Urvertrauen, Umgangsformen und eine Zuversicht ins Leben entwickeln konnte.

Veranlagung

Das Gegenteil von diesem Gedankenbau ist die Voraussetzung, dass in erster Linie die Veranlagung, die menschlichen Gene, für die Entwicklung maßgebend sind. Es wird nur derjenige ein virtuoser Geiger, der von seinen Erbfaktoren dazu ausgestattet ist. Er muss also die Musikalität wie zum Beispiel das absolute Gehör schon in seiner Veranlagung haben, sonst wird es nichts mit einem Paganini-Nachfolger.

Bedeckt hielten sich von jeher die Wissenschaftler, inwiefern Zufriedenheit, Glücksempfinden und überhaupt unsere Gefühlswelt genetisch programmiert sind. Ein Glücks-Gen hat man bisher jedenfalls nicht gefunden.

Aber die Forschung ist dabei, die Weitergabe von Traumata zu entschlüsseln. Das wissenschaftliche Forschungsgebiet darüber, wie sich die Aktivierung der Gene auf unsere Entwicklung auswirkt, nennt sich Epigenetik. Sie sucht Erklärungen für die Vererbung von Verhaltensweisen, die nicht gelernt oder antrainiert wurden.

Dieser noch junge Bereich der Genforschung befasst sich mit der Vererbung von Reaktionsmustern auf nachfolgende Generationen. Eine überaus spannende Sache! Denn es geht um das An- und Abschalten von Genen, beeinflusst von Erlebnissen der Vorfahren.

Zu unserer Grundausstattung gehören ungefähr 20000 Gene. Die Abschnitte auf unserer DNA sind aber nicht komplett unveränderbar. Es können sich kleine Moleküle an die Basen unserer DNA anheften und einzelne Gene blockieren, sodass sie nicht mehr abgelesen werden können. Oder es werden Gene aktiviert, die dadurch besonders oft/stark zum Ausdruck kommen.

Man weiß mittlerweile, dass über Generationen hinweg die Ernährung auf die Gene wirkt. Konkret: Die Eltern,

Großeltern und Urgroßeltern haben sich ungesund ernährt und waren beziehungsweise sind übergewichtig. Das Kind wird gesund ernährt, neigt aber zum Dickwerden. Warum? Weil die Moleküle, die sich vererbungsbedingt an die entsprechenden DNA-Basen angehängt haben, den Stoffwechsel dahingehend steuern, dass der Nachwuchs deutlich zulegt. Sein Freund ernährt sich ähnlich, ist aber dünn, weil er auf eine schlanke Ahnengalerie zurückblickt. Wohlgemerkt: Nicht die Eigenschaften werden vererbt, sondern die Art und Weise, die genetisch festgelegten Möglichkeiten zur Ausprägung zu bringen. Soll heißen: Nicht das Essverhalten wird vererbt, sondern die Art, wie der Organismus mit dem Essen umgeht. Setzt er zum Beispiel auch noch das letzte Quäntchen Fett um und lädt es als Polster für schlechte Zeiten an unliebsamen Stellen ab?

Vergleichbare Ergebnisse haben sich bei rauchenden und trinkenden Vorfahren gezeigt: Ihre Nachkommen leiden eher an Lungenkrankheiten oder an Problemen mit der Leber, auch wenn sie selber nicht rauchen und wenig bis keinen Alkohol trinken. Besonders interessant ist die Tatsache, dass eineiige Zwillinge trotz identischer DNA sich deutlich unterscheidende Charakterzüge und Krankheitsrisiken ausbilden können. Der eine ist temperamentvoll und extrovertiert und gibt den Klassenclown, der andere ist zurückhaltend und beinahe schüchtern. Zwar wird die DNA bei eineiigen Zwillingen exakt gleich vererbt, aber ihre epigenetische Abänderung (Modifikation)und somit der Plan, wie die DNA abzulesen ist, wird unterschiedlich weitergegeben. Die Art des Ablesens kann nämlich variieren.

Aktuell wird erforscht, inwieweit starke psychische Erschütterungen, die sich im Unterbewusstsein verankern (Traumata), epigenetisch vererbt werden können. Man gibt leider nicht nur das Gute weiter, sondern auch Leiderfahrungen, festzementierte Glaubenssätze, Panikattacken, was sich auf das Bindungsmuster (Anordnung, mit welchen Nachbaratomen sich ein Atom zu einem Molekül verbindet) auf unseren Genen auswirkt. Man spricht inzwischen von generationenübertragenen Traumata, was bedeutet: Kinder tragen seelische Narben ihrer Ahnen. Stressregulationen (man hat Stress und baut ihn irgendwie ab, trinkt möglicherweise Schnaps oder futtert eine Tafel Schokolade) wie zum Beispiel exzessiver Alkoholkonsum, unbewusste Übertragung von Gewalt können demnach vererbt werden. Die Nachfahren entwickeln Symptome, als hätten sie Leid und Stress ihrer Vorfahren selber erlebt. Da so ein übertragenes Trauma nicht unbedingt von einem Elternteil herrühren muss, sondern von einem Urahn aus dem vorletzten Jahrhundert, ist es besonders schwierig, den Ursachen von seelischen Narben auf den Grund zu kommen. Anlässe für solche Traumata gibt es reichlich, bedenkt man die Schrecken der Weltkriege mit ihren Bombennächten, den Vergewaltigungen, den menschenunwürdigen Gefangenenlagern, um nur einige Gräuel zu nennen.

Weil die Epigenetik noch in den Anfängen steckt, soll der Exkurs hierzu genügen. Wenden wir uns nun den Phänomenen zu, die weitestgehend wissenschaftlichen Bestand haben.

Entwicklungsstufen

Zwischen den Extremvorstellungen über den Einfluss von Anlage und Umwelt gibt es eine Reihe von Modellen. Diese teilen die geistige Entwicklung in kleine, zeitlich abgegrenzte Schritte ein, so dass wie beim Gehen ein Schritt logisch auf den vorherigen folgt. Hierbei wird vorausgesetzt, dass es Entwicklungsphasen gibt, die jeder Mensch irgendwie durchläuft. Und zwar in einer Zeitspanne, von der man nur unwesentlich abweichen sollte, weil bestimmte Entwicklungen nicht zu einem deutlich späteren Zeitpunkt nachgeholt werden können.

Extreme Lebensläufe wie der von Kaspar Hauser (siehe Kapitel 19) oder von sogenannten Wolfskindern, das sind Kinder, die ohne einen Erwachsenen in der Wildnis überlebt haben, beweisen dies. Ebenso zahlreiche Untersuchungen von Kindern, die unter sehr ungünstigen Umständen in einem Heim aufwachsen mussten. Abgestumpft und emotionsarm waren sie nicht in der Lage, sich zu glücklichen, lebensbejahenden Menschen zu wandeln, obwohl es in ihrem späteren Leben Menschen gab, die sich aufopferungsvoll um sie kümmerten.

Trotzphase

Vermutlich kennst du landläufige Vorstellungen von Entwicklungsphasen.

Alexander, drei Jahre alt, schmeißt seinen Teller vom Tisch, weil er lieber Eis statt Pudding haben will. Ganz klar: Trotzphase. Kennt man ja. Hat jeder in dem Alter.

11 Jahre später würdigt Alexander den Pudding keines Blickes, sondern zuckt die Achseln, geht demonstrativ aus dem Raum und ist weg. Pubertät. In dem Alter diskutiert man entweder gar nicht und verschwindet gefährlich leise oder man schreit herum und knallt die Türe.

Dir werden vermutlich weitere Szenarien der Marke Pubertät einfallen, aus denen hervorgeht, dass du für dein 14jähriges Kind nicht zurechnungsfähig bist, weil seine Hormone gerade dafür sorgen, dass sein Gehirn anders als deins arbeitet. Und zwar deutlich anders ...

Mark Twain hat die Sache passend erklärt:

Als ich vierzehn war, war mein Vater so dumm, dass ich ihn kaum ertragen konnte. Mit einundzwanzig war ich erstaunt, wie viel er in den vergangenen sieben Jahren gelernt hatte.

(www.sprucheportal.de/mark-twain.php)

Recht hat er. Der Grund für die abgefahrenen Sichtweisen von *Pubertieren* liegt im Umbau des Gehirns, wie die Neurobiologie nachweist, und nicht im Chaos der Hormone. Das kommt allenfalls als Beigabe hinzu. Mit Hilfe von Magnetresonanztomographen ist man in der Lage, die Veränderungen im Gehirn aufzuzeichnen. Hierdurch weiß man, dass in der Pubertät ein heftiger Ab- und Umbau von Nervenverbindungen stattfindet. Die Jugendlichen treffen oft unvernünftige Entscheidungen, sind impulsiv und sehen die Dinge beziehungsweise ihre Eltern, wie es Mark Twain auf den Punkt gebracht hat.

Phasen sind zeitliche Einteilungen, die man nicht gar zu genau nehmen darf. Wenn also eine Phase laut Forschung für das Alter von 6 bis 10 Jahren dauert, dann ist das nicht wörtlich gemeint, sondern es ist ein Durchschnittswert, der der Orientierung dient.

Kapitel 9

Des einen „Freud", des andern Leid

Kennst du Ödipussi von Loriot? Klar kennst du den Film. In dem Fall liest du unter dem Eingerahmten weiter.

> Die in die Jahre gekommene Hauptfigur namens Paul steht noch immer unter der Fuchtel seiner bald 80-jährigen, resoluten Mutter Louise Winkelmann, die ihn wie ein Kind umsorgt. Entsprechend erschüttert reagiert sie, als sich ihr Sohn eine eigene Wohnung genommen hat. Trotzdem lebt Paul alles andere als selbstbestimmt. Muttern hat das Sagen – auch wenn sie gar nicht zugegen ist. Denn sie dirigiert das Unterbewusstsein ihres Sohnes. Auf die Frage, „Wie werden sie eigentlich von ihrer Mutter genannt?", antwortet der Fünfzigjährige: „Mama nennt mich Pussi."

Pauls Geist ist unfähig, wirklich eigene Entscheidungen zu treffen, sein Selbst zu finden, weil er sich nicht hat abnabeln können. Da er seine Mutter nicht aus dem Kopf bekommt und sich auch ohne ihre körperliche Anwesenheit nach ihren Vorstellungen richtet, leidet Paul unter dem Ödipuskomplex.
Paul ist ein echter Ödipussi.
Die Bezeichnung Ödipuskomplex bedient sich der griechischen Mythologie. Hier eine kurze Zusammenfassung von Ödipus' höchst spezieller Biografie: Ödipus hat der Sage nach unwissentlich seinen Vater, König Laios von Theben, im Nahkampf getötet.

Nach Art der Männer ging es um machtbesessenes Hin und Her, wer zuerst einen sehr engen Weg passieren durfte. Das reinste Gockelgehabe.

Da sind sie dann aufeinander los und der Jüngere hat gewonnen, was naheliegend ist, denn in der Jugend ist man schneller und draufgängerischer.

Nun löst Ödipus im Vorbeigehen sieben Rätsel einer Sphinx und bekommt als Belohnung die Witwe geschenkt.

Natürlich ahnte Frau Ödipus nicht, dass sie es von nun an mit ihrem eigenen Söhnchen trieb, denn der Junge war in einem anderen Königreich aufgezogen worden.

Die Sache geht übrigens ganz übel aus. Ödipus wird Herrscher über Theben, ein vorbildlicher Mann. Als sein Land von diversen Naturkatastrophen heimgesucht wird und er seinen Seher um Rat bittet, lüftet Theiresias, so der Name des Sehers, das Geheimnis um Ödipus' Herkunft und man wertet die Heimsuchung des Landes, die mit Hungersnot und Krankheit einhergeht, als Strafe der Götter. Als Ödipus geweissagt wird, dass er mit Mami in Blutschande lebt, sticht er sich die Augen aus und streunt ab sofort vor den Toren der Stadt als blinder Bettler herum, womit er sich seiner eigenen Rechtsprechung beugt.

Diese Geschichte stammt von Sophokles, der als größter Dichter der Antike in die Welt- und Literaturgeschichte eingegangen ist. Sie muss es dem jungen, wissbegierigen und überaus gescheiten Sigmund Freud (1856 – 1939) angetan haben. Jedenfalls packt er folgende Beobachtung mit der Figur des Ödipus in einen Begriff: Der kleine Junge begehrt im Unterbewusstsein seine Mutter, während er seinen Vater als Rivalen sieht. Normalerweise hört das irgendwann auf, die Mutter ist nur noch Mutter und der Vater vielleicht ein liebenswerter

Kumpel und Erzieher. Ist das aber nicht der Fall, dann kommt es zu dem besagten Ödipuskomplex. Der Junge, inzwischen längst erwachsen, hat es nicht geschafft, sich von seiner Mutter zu distanzieren. Er wird, um mit Loriot zu sprechen, zum *Ödipussi*. Das gleiche gilt umgekehrt für das Mädchen und später für die Frau.

Also: Es gibt eine Phase in der kindlichen Entwicklung, die sogenannte ödipale Phase. Allerdings sehen heutige Entwicklungspsychologen die Dinge etwas anders. Zumindest legen sie andere Schwerpunkte.

Tatsache ist, dass Loriots *Ödipussi* für Herrn Freud ein Fall für die berühmte Couch wäre, auf die sich seine Patienten legen mussten. Man kennt das aus diversen Karikaturen.

Auf einem gemütlichen, mit Kissen reichlich gepolsterten Sofa liegt ein armseliges Menschlein, dem der Unbill seines kleinen Erdenlebens schon ins Gesicht geschrieben steht. Er stottert sein Elend heraus, spricht sich aus, schwadroniert über das Übel seines Seins, ohne dass er einen Zuhörer im Blick hat. Denn Herr Freud sitzt auf einem Stuhl hinter dem Kopfende der Seelencouch, hat sein Notizblöckchen gezückt, ohne das geht es auf keinem Freudianer-Bild, und hält all das fest, was er als wichtig erachtet. Später betreibt er Seelenkunde. Stellt Fragen, macht wieder Notizen.

Warum der Psychiater am Kopfende sitzt und der Gepeinigte ihn nicht sehen soll? Man spricht nicht umsonst von Blickkontakt – und genau der soll ausgeschaltet werden. Denn in dem Blick des Zuhörers, also im Falle Freuds der Blick des Arztes und Analytikers, zeigt sich, wie das, was der Patient da von sich gibt, ankommt. Vielleicht zieht der Zuhörer die Augenbrauen hoch, was Erstaunen oder Ungläubigkeit ausdrückt, oder er beginnt zu grinsen und der Patient wird unsicher, weil er glaubt, er habe Blödsinn geredet. Die Gefahr ist, dass der Patient nur das sagt, was bei seinem Zuhörer gut ankommt, damit dieser ein zufriedenes Gesicht macht. Dem Patienten kann aber nicht geholfen werden, wenn er nicht offen und frei heraus spricht. Also ist das Kopfende der Couch der einzig richtige Platz für den behandelnden Arzt.

Dass es eine Couch sein muss, liegt nahe: Man macht es sich gemütlich, entspannt sich und widmet sich ganz seinen eigenen Gedanken und Gefühlen, die man ja schließlich zum Besten geben soll. Das geht im Liegen besser, weil man nicht auf den Körper und seine Muskeln zu achten braucht, sich nicht ermahnen muss, schön gerade zu sitzen oder sich elegant zu bewegen. Der Patient, so sagt man, richtet seine ganze Aufmerksamkeit nach innen. Er fühlt in sich hinein.

Freuds Verdienst um unsere Psyche

Man kann Freuds Verdienste nicht hoch genug einschätzen, weil seine Überlegungen zur menschlichen Psyche so grundlegend sind. Dazu kommt sein therapeutischer Ansatz, um seelisch verwundeten (griechisch von Trauma – Wunde) Menschen zu helfen.

Wenn sich ein Mensch immer wieder an eine Situation erinnern muss, die für ihn schrecklich gewesen ist, an ein böses, einschneidendes Erlebnis, das seine Seele angegriffen, im Extremfall zerstört hat, benötigt er Hilfe. Denn eine seelisch überlastete Person fühlt sich überfordert, hat möglicherweise Schuldgefühle, die sie nicht mehr los wird. Oder sie fühlt sich bedroht. Auch dann, wenn objektiv betrachtet gar keine Bedrohung erkennbar ist. Und das hat Freud erkannt.

In besonderem Maße reißt jede Art von Gewalt an der Seele Wunden. Krieg, Missbrauch und Vergewaltigung,

Mobbing, um einige wesentliche zu nennen.

Wer Bahnbrechendes erforscht und daraus eine Theorie entwickelt, muss sich auch immer der Kritik stellen. Das trifft auch auf Freud zu. Die aktuelle Forschung kann durch die moderne Technik das Funktionieren des Gehirns mit deutlich anderen Mitteln untersuchen als Freud mit seinen Fragen und dem Notizblöckchen. Schade eigentlich – denn auf der Couch ist es bestimmt gemütlicher gewesen als in der Röhre zur Kernspintomographie. Dafür wissen wir aber heute um die Bedeutung der vorgeburtlichen Entwicklung (siehe Kapitel 13).

Der Freudsche Versprecher

Vielleicht kennst du das: Ein unliebsamer Zeitgenosse kreuzt deinen Weg, grüßt scheinbar freundschaftlich und was sagst du? *Auf Wiedersehen.* Immerhin bist du in einem solchen Fall höflich geblieben, sonst wäre dir *Du kannst mich mal...* herausgerutscht, aber nach Freud warst du wenigstens einmal ehrlich, denn jenen Menschen möchtest du nicht wirklich um dich haben. Selbst *Auf Wiedersehen* wäre eigentlich gelogen, aber deine gute Erziehung hat für dick ausgeprägte Synapsen gesorgt, und also hat dein Unterbewusstsein einen Rest von Anstand gewahrt.

Solltest du gerade Nachwuchs erwarten und auf die Frage, ob du lieber ein Mädchen oder einen Jungen hättest, antworten *ganz egal, Hauptsache sie ist gesund*, dann ahnst du schon, wohin die Häsin läuft.

Auch die schrägste Äußerung ergibt nach Freud einen Sinn, weil sie ganz tief aus unserem Inneren kommt, uns einfach so herausrutscht, ohne nachzudenken, spontan. Wir äußern in solch einem Fall unseren eigentlichen Wunsch. Jedenfalls ist das Freuds Meinung.

Durch einen solchen Freudschen Versprecher kommt Verdrängtes zum Ausdruck. Also: Lass sie raus!, die wahren Gefühle, denn die können nicht lügen.

Gefühlswelt und Hackordnung

Allerdings haben wir mit viel Mühe gelernt, unsere Gefühle zu beherrschen, was nichts anderes heißt als sie einzusperren. Wir sind richtige Manager unserer Gefühlswelt, denn wer zeigt schon gerne Eifersucht und Angst. Oder lässt dem Chef gegenüber seiner Wut freien Lauf.

Lieber ziehen wir den Schwanz ein und laden unseren Ärger im Job bei unserem nächsten Untergebenen ab. Der zieht ebenfalls den Schwanz ein, brüllt aber zu Hause als erstes seine Frau an, die ihrem Sohn eine scheuert. Der erschrockene Junge tritt den Dackel und der beißt in den Teppich.

Hackordnung nennt man das – in Anlehnung an das Verhalten von Hühnern, bei denen ebenfalls immer auf das nächst schwächere eingepickt wird.

Doch seelisch gesund ist erst derjenige, der seine Gefühle da ablädt, wo sie eigentlich hingehören. Dies bedeutet, dass sie der jeweiligen Situation angemessen geäußert werden sollten, anstatt sie zu unterdrücken und/oder bei den Falschen abzuladen. Statt sich abzureagieren wie ein Huhn beim nächstbesten Unterhuhn.

Das betrifft sowohl gute als auch schlechte Gefühle, denn Zorn und Enttäuschung sind genauso gute, das heißt angemessene und wichtige Gefühle wie Liebe und Glück.

Weil wir jedoch negativ wirkende Gefühle am liebsten vertuschen, unterdrücken, weil man sich ihrer schämt, weil man sich eine Blöße gibt, laufen wir Gefahr, dass die Seele erkrankt. Und diese wichtige Erkenntnis geht in ihrem Ursprung auf Freuds Konto.

Kapitel 10

Entwicklungsphasen

Wie schon gesagt, lässt sich vieles besser erklären, wenn man Einteilungen vornimmt. Auch Freud ist berühmt für seine wissenschaftlichen Schächtelchen, in die er die einzelnen Entwicklungsstufen des Menschen hinein-packte.

Sollten dir die folgenden Phasen bekannt sein, dann überschlage einfach die nächsten Abschnitte.

Orale Phase

Die ersten Phasen richten sich nach der Befriedigung be-stimmter Körperregionen. Der Säugling verbringt die meiste Zeit damit zu saugen, zu nuckeln, und auch das Kleinkind steckt nicht nur seinen Daumen in den Mund, sondern alles, was es zu fassen bekommt. Spielsachen, Haushaltsdinge, was manchmal echt gefährlich werden kann.

Wir halten fest: Der Mund ist in der ersten Zeit für das Kleinstkind die Quelle seines Vergnügens.

Anale Phase

Etwa im Alter von zwei Jahren wechselt das Kind die „Richtung". Vom Mund, in den es alles hineinsteckt, wendet es sich nun seinen Ausscheidungen zu.

Stolz führt es das vollgekackte Töpfchen vor – eine in unserer Kultur nicht besonders angesagte Geste, die es lediglich in der antiautoritären Erziehung vorübergehend zu einer gewissen Kultivierung gebracht hat. Heutzutage erntet es eher ein *Nein,* genau wie vor der Zeit der Kinderladen-Pädagogik, in der Kindern ein großes Maß an Selbstbestimmung zugetraut wurde. Und wenn dem Kind eben danach war, seine Kacke vorzuführen, na dann bitte ...

Phallische Phase

Zwischen dem dritten und sechsten Lebensjahr untersucht das Kind den eigenen Körper, und hier besonders die Geschlechtsteile, wobei es Lust empfindet. Es erkennt die Unterschiede zum anderen Geschlecht und nach Freud entsteht in dieser Zeit ein Konkurrenzgefühl zum gleichgeschlechtlichen Elternteil. Der Junge sieht also in seinem Vater in gewisser Weise einen Nebenbuhler im Werben um die Gunst seiner Mutter, während es beim Mädchen darum geht, die Mutter als Konkurrentin um die Liebe des Vaters zu übertrumpfen.

Latenzphase

Danach wendet sich das Kind der Umwelt zu, erkundet, was es zu erkunden gibt, entwickelt seine körperlichen Fähigkeiten, indem es zum Beispiel Radfahren und Schwimmen lernt. Weil sich die Entwicklungsphasen nach Freud in erster Linie auf sexuelle Gebiete stützen, spricht man in dieser Phase von Verzögerung/Verborgenheit (Latenzphase), weil beim Kind im Grundschulalter das Geschlecht bis auf weiteres in den Hintergrund tritt.
Schlagartig ändert sich das in der Pubertät. Dazu muss man nichts erklären – spätestens ab da kennen wir uns

alle aus.

Ein psychisch gesunder Mensch müsste nach Freud alle Phasen ausgewogen durchlaufen: Wird das Kind zum Beispiel zu sehr verwöhnt oder ist man im Gegenteil übermäßig streng mit ihm, kommt es unter Umständen zu einem Verharren auf einer Stufe. Es geht also nicht weiter mit der geistig-geschlechtlichen Entwicklung, weil der junge Mensch nicht die nächste Stufe erreichen kann.

Zum Beispiel bringt man das Verharren auf der ersten Phase – also den Mund – mit geistiger Abhängigkeit zusammen. Abhängigkeit von Menschen, von Drogen, von Essen und Trinken, hier vor allem von der Volksdroge Alkohol. Sollte also einer deiner Gäste immer als erstes eine Flasche Bier an den Hals setzen, dann weißt du jetzt, warum das nach Freud so ist: Entweder durfte er weit über das normale Zeitmaß hinaus sein Fläschchen nuckeln, oder er musste gleich nach dem viel zu frühen Abstillen Spinat löffeln, weshalb er späte Rache geschworen hat.

Die Fixierung auf die Phase, in der die Ausscheidungen im Mittelpunkt des Interesses stehen, zieht nach Freud übertriebene Reinlichkeit, Sturheit und Geiz nach sich.

Freuds Phasenmodell dient allen Nachfolgern auf diesem Gebiet als Grundlage. Jede spätere Theorie muss sich an ihm messen lassen.

Kapitel 11

Wie viele bin ich?
Freuds Antwort: Drei!

Schlag zwölf in London: Doktor Jekyll, ein angesehener Arzt, entwickelt ein Elexier, mit dessen Hilfe er herausfinden möchte, wie sein Unterbewusstsein aussieht. Er will wissen, was für ein Mensch er eigentlich ist, welche Triebe in ihm schlummern, wenn man sie sich unabhängig von gesellschaftlichen Normen und Werten entwickeln lässt.

So wird aus Jekyll, dem unauffälligen Ehrenmann, Mister Hyde, sobald er von der Flüssigkeit trinkt.

Eines Tages stellt der Arzt fest, dass er die Abspaltung von Mr. Hyde nicht mehr im Griff hat. Sein personifiziertes Unterbewusstsein spielt nach eigenen Regeln. Somit ist es völlig unberechenbar geworden, wann Mister Hyde, der skrupellose Lebemann, der auch vor einem Mord nicht zurückschreckt, wieder zu Doktor Jekyll wird.

Die Atmosphäre ist düster, erfüllt meisterhaft die Stimmung eines Horrorfilms, als sich die folgende Szene abspielt: Doktor Jekyll starrt in den Spiegel. Statt des getreuen Abbildes seines Gesichts blickt er entsetzt in das aalglatte, gefühllose Antlitz von Hyde, sagt drohend, dass er ihn verfluche.

Da antwortet ihm sein Gegenüber kalt lächelnd, dass er ihn niemals loswürde, ... *denn ich bin du. Wir sind untrennbar miteinander verbunden. Niemals wirst du mich los. Niemals ...*

Um die Frage zu beantworten, *Wer bin ich,* hatte Freud seinerzeit die Couch frei geräumt. Auf besagtem Unikum hat er gemeinsam mit seinem jeweiligen Patienten daran gearbeitet, herauszubekommen, warum er so ist, wie er ist. Dazu hat er den Patienten in die Halbwachheit versetzt, hat ihm Fragen gestellt, Antworten notiert und Träume gedeutet. Der Mensch auf Freuds Couch unterzog sich quasi einer *Rede-Kur.* Diese bestand aus dem Kramen in Erinnerungen, die man in Worte kleidete, um das Ganze dann durchzuarbeiten.

Auf die Frage *Wie viele bin ich* hatte Freud als Antwort parat: *Drei.*

Die drei Teile der Psyche

Neben den Entwicklungsphasen entwarf Freud ein Modell, das die menschliche Psyche in drei Abteilungen (Instanzen) aufteilt, die die Persönlichkeit prägen. Er nennt sie *Ich* (bewusste Persönlichkeit), *Es* (Triebe) und *Über-Ich* (Gewissen).

Diese menschliche *Dreifaltigkeit* hat sich bis heute nicht nur gehalten, sondern überaus bewährt. Sogar literarische Figuren, also bekannte Größen wie Faust und Gretchen, werden nach dem Modell von Freud auf ihre Geisteshaltung hin abgeklopft, so wie die Dichter sie erfunden haben (Psychoanalytische Literaturmethode).

Es

Beginnen wir mit dem *Es,* dem Sexualtrieb, der nach Freud für so vieles verantwortlich ist. Recht hat er – Sex war immer schon für so einiges verantwortlich.

Das *Es* funktioniert nach dem Lustprinzip. Es gilt als das

früheste psychische System. Kinder folgen eindeutig dem Lustprinzip, das mit zunehmendem Alter von dem entstehenden Gewissen in Schach gehalten wird. Das *Es* als Lustprinzip verkörpert somit auch das Unterbewusstsein. Unsere geheimen Wünsche und das sexuelle Verlangen zum Beispiel.

Über-Ich

Das *Über-Ich* ist das Gewissen, welches sich aus den moralischen Werten und Gesetzen, den Normen der Gesellschaft bildet. Wie der Begriff schon aussagt, steht es über dem *Ich.*

Durch Eltern, Großeltern, Lehrer und viele geheime Miterzieher – Gruppe der Gleichaltrigen, Fernsehen, Internet usw. – lernt der Mensch, was er darf und was nicht. Er lernt natürlich auch, dass der andere ebenfalls darf oder nicht darf.

Man speichert ab, wie man sich zu benehmen hat, jedenfalls im Idealfall. Dass es sich zum Beispiel nicht gehört, zu einem Vorstellungsgespräch unpünktlich und in abgewrackten Klamotten zu erscheinen. Entsprechend blickt man andere Leute an, die sich nicht an derlei Verhaltensregeln halten und aus der Rolle fallen.

Der Lusttrieb, also das *Es,* wird vom *Über-Ich* kontrolliert. Nur so können wir unser Verhalten mit dem, was in einer Gesellschaft als angesagt gilt, in Einklang bringen und eben nicht aus der Rolle fallen.

Drastischer formuliert: Nur durch die Kontrolle des *Über-Ich* über das *Es* können sich Zivilisation und Kultur entwickeln. Die Triebwünsche werden vom *Über-Ich* als erzieherische Instanz zensiert. Das *Über-Ich* verbietet uns, nach dem Lustprinzip zu leben. Ein Dasein, welches sich ausschließlich nach dem *Es* richtet, würde ein gesellschaftliches Zusammenleben unmöglich machen. Weichen wir von unserem *Über-Ich* ab, bekommen wir Schuldgefühle oder wir sind peinlich berührt und schämen uns. Jedenfalls tun das die meisten von uns.

Doktor Jekyll hat vorgeführt, was passiert, wenn das *Es* das *Über-Ich* aushebelt. Die Triebe brechen sich Bahn, sind unkontrollierbar. Der Mensch hat mit gesellschaftlichen Wertvorstellungen und der Gesetzgebung nichts am Hut. Eine beklemmende Vorstellung!

(vgl.: Der seltsame Fall von Dr. Jekyll und Mr. Hyde. Übersetzung von Grete Rambach. Insel, 1987)

Ich

Was aus der Balance zwischen *Über-Ich* und *Es* herauskommt, ist das *Ich* – also der Mensch, so, wie er sich seinem Gegenüber zeigt. Seine bewusste Persönlichkeit. Wie er spricht, wie er sich benimmt, wie er rüber kommt, wie er in der Realität funktioniert. Das *Ich* führt den Menschen durch sein Leben, indem es ständig zwischen *Es* und *Über-Ich* vermittelt.

Ist der Mensch schüchtern, war die Erziehung vielleicht zu streng. Dann hat ihn ein dominantes *Über-Ich* fest im Griff und er traut sich nicht, aufzumucken. In einem solchen Fall hat er wenig Selbstbewusstsein entwickeln können.

Ist jemand planlos und chaotisch, lebt er vorzugsweise nach dem Lustprinzip und bekommt im Extremfall wenig auf die Reihe. Ein solcher Mensch hat nicht gelernt, sich anzupassen. Diese Art Leute können gelegentlich ganz schön stressig sein.

Nach Freud ist der Mensch nicht wirklich frei. Ständig muss er darum bemüht sein, seine Triebe und sein Gewissen an das anzupassen, was die Gesellschaft durch ihre Normen und Wertvorstellungen verlangt. Das kann sehr anstrengend sein.

Die Epoche der Aufklärung (vertreten durch den Philosophen Kant und seine „Mitkanten") hat gelehrt: Der Mensch hat einen freien Willen.

Freud konnte darüber nur den Kopf schütteln.

Wenn *Es* oder *Über-Ich* überwiegt

Ist das *Es* oder das *Über-Ich* zu stark ausgeprägt, kann es zu krankhaften Verhaltensweisen kommen, die manchmal fürchterlich sind. Zu Taten, bei denen man sich fragt, wie so etwas Schlimmes passieren konnte. Und das nicht selten bei so einem netten Kerl, der bislang keiner Fliege etwas zu Leide getan hat.

Es geschehen Verbrechen, die sich ein Mensch mit auch nur einigermaßen ausgewogenem *Ich* nicht einmal vorstellen kann.

Vulkanausbruch

Belastende Gefühle behalten wir lieber für uns. Geht niemanden etwas an, wenn ich gerade vor Kummer vergehe. Wohlmöglich gucken die anderen nur mitleidig oder machen sich über mich lustig. Außerdem bin ich stark genug und werde alleine damit fertig. Okay – wer sich in die Fänge gewisser (privater) Fernsehsender begibt, outet sich nach allen Regeln der Peinlichkeit, spaziert nackt vor der Kamera herum, legt sein *Über-Ich* ab und dafür sein *Ich* samt *Es* vor die Linse. Aber die meisten sind klug genug, sich nicht in eine solche Sendung einbinden zu lassen.

Im Folgenden tragen wir einmal dick auf. Am Extrem

lassen sich bekanntlich Dinge besonders gut erklären. Wir nehmen also an, jemand ist mit einer Moralkeule aufgewachsen, das *Über-Ich* schwebt wie ein schwerer Stein über dem *Ich,* hat das *Es* völlig untergebuttert (*unterbuttern* - welch passender küchenpsychologischer Ausdruck) und droht, jeden Moment herabzufallen. Der Jemand, um den es geht, durfte nichts, die Hände gehörten spätestens ab der Pubertät über die Bettdecke. Auch wurde er häufig bestraft.

Dieser Jemand hat alles in sich hineingefressen. Hat gelernt, sich nichts anmerken zu lassen, weil dann noch Schlimmeres passiert: Häme, weil er so ein Weichei ist; Strafe, weil er Widerworte gibt; im Übermaß geäußerte Verzweiflung, weil man mit so einem missratenen Kind geschlagen ist. Ein solcher Mensch ist nicht nur unglücklich, er baut mit der Zeit einen unbändigen Druck auf.

Wenn das Fass umkippt

Dazu stellen wir uns seine Psyche als eine Art Fass vor, in das die vielen Verbote, Vorwürfe und Anweisungen hineingegossen worden sind. Wenn das Fass voll ist, läuft es nur über. Jedenfalls dann, wenn die Sache noch einigermaßen glimpflich abgeht. Der bedauernswerte Mensch schimpft endlich einmal dagegen an, wehrt sich vielleicht sogar, haut für alle Zeiten ab oder verhält sich boshaft und ungerecht, was natürlich nicht nett von ihm ist. Jedenfalls lässt er seine Wut heraus.

Aber bei einem krankhaft strengen *Über-Ich* läuft das Fass nicht über – es kippt um. Und dann geschehen unter Umständen die schlimmsten Verbrechen. Im Affekt zum Beispiel bringt der jahrelang unterdrückte Mensch jemanden auf bestialische Weise um. Mancher vergeht sich an einem schwächeren Opfer.

Das *Ich* ist in diesem Fall krank. Es hat nicht gelernt, ausgewogen, normal menschlich zu reagieren und das *Es* bricht aus wie ein Vulkan. Der Mensch wird zum Täter und empfindet zum Beispiel Lust und Befriedigung im Quälen. Ein solcher Mensch hat nach Freud eine neurotisch gestörte Persönlichkeit.

Häufig sind es gerade die besonders Unauffälligen, die scheinbar so Harmlosen. Jahrelang hat man sie klein gemacht, und mit einem Mal rasten sie aus.

Bleibt die Tat unentdeckt, ist der Frustrationsstau erst einmal wieder abgebaut und sie leben weiterhin unauffällig und angepasst, bis dass das Fass wieder voll ist und erneut umkippt.

Genau dieses Phänomen führt Friedrich Dürrenmatt äußerst anschaulich in seinem 1957 veröffentlichten Roman *Das Versprechen* vor. Der Schluss der nahegehenden Handlung wurde für das Drehbuch ein wenig verändert.

Der Film *Es geschah am hellichten Tag* von 1958 mit Heinz Rühmann als Kommissar Matthäi und Gerd Fröbe in der Rolle des Psychopathen führt eindrucksvoll vor, wie besagtes Fass umkippt – und zwar in immer kürzeren Zeitabständen.

Matthäis befreundeter Psychiater analysiert bislang ungeklärte Morde an kleinen Mädchen. Er sieht in ihnen einen krankhaften Auswuchs von Hass gegenüber Frauen. Auch sagt er voraus, dass der Mörder nach einiger Zeit sehr wahrscheinlich weitere Morde dieser Art begehen werde. Der Grund dafür sei, dass die Befriedigung/Beschwichtigung der Hassgefühle immer nur eine Zeitlang anhielte. Dann suche die Lust am Töten ihr nächstes Opfer.

Er wird Recht behalten.

Der Täter namens Schrott entpuppt sich als ein Mann,

der völlig unter der Fuchtel seiner herrischen Frau steht, die er vor Jahren gerade wegen ihrer Ich-Stärke geheiratet hat. Er entspricht nach außen hin dem perfekten Geschäftsmann: Dunkler Anzug, gepflegtes Äußeres, stattliche Erscheinung.

Innerlich ist er aber krankhaft *Ich-schwach*. Er sucht gezielt kleine Mädchen aus, die weibliche Attribute haben. Die Opfer sehen sich mit Pferdeschwanz und Kleidchen alle ähnlich. An ihnen reagiert er seinen Hass auf Frauen ab.

Es sind eben keine Frauen, von denen der Täter befürchten muss, heruntergeputzt zu werden, wie er es von seiner Gattin gewohnt ist. Eine Trennung traut er sich nicht zu – auch, weil er finanziell von seiner Frau abhängig ist. Aber vor allem, weil er keinerlei Selbstbewusstsein hat, seinen weiteren Lebensweg alleine anzugehen. Er ist psychisch krank. Ein perverser Täter, der sich an Schwachen abreagiert.

Die Handlung spitzt sich zu, als Matthäi ein kleines Mädchen als Lockvogel einsetzt. Dass er seinen menschlichen Köder immer im Auge behalten und also beschützen kann, ist ein Irrtum, den der Kommissar zu spät erkennt. Das Kind entkommt nur knapp einem neuerlichen Mord. Der seelisch kranke Mörder wird erschossen, das kleine Mädchen bekommt den Ernst der Lage gar nicht richtig mit.

Man ist als Betrachter echt erleichtert, dass der Täter nicht mehr lebt und das Kind gerettet ist.

Ein Mensch wie besagter Herr Schrott dürfte bereits ab seiner frühkindlichen Entwicklung sehr von oben herab behandelt worden sein. Er stand völlig unter der Fuchtel seiner gestrengen Gattin, die ihn bei jeder Gelegenheit mit Worten niedermachte. So lernte er, dass er nur von geringem Wert war. Irgendwann ist er seelisch an dem erdrückenden *Über-Ich* erkrankt und zum Gewalttäter geworden. Durch die überaus dominante Ehefrau entwickelt sich ein umfassender Frauenhass (Misogynie. Griechisch μισεῖν misein „hassen" und γυνή gyné „Frau"), dessen Extrem im Frauenmord (Femizid) gipfelt. In dem geschilderten Fall tötet der Täter stellvertretend für seine Ehefrau kleine Mädchen.

Während man sich das *Über-Ich* ganz gut vorstellen kann, weil Normen, gesellschaftliche Wertvorstellungen, Gebote und Verbote handfeste Dinge sind, die jedem bekannt sein dürften, gibt das *Es* Rätsel auf. Was der Sexualtrieb ist, weiß man natürlich. Aber was macht darüber hinaus unsere Triebstruktur aus? Was ist das, was wir in unserem Unterbewusstsein wirklich wollen? Sind wir eigentlich gut oder böse, wenn man uns der Gesetzlosigkeit (Anarchie) aussetzt? Ohne Gebote, ohne Verbote? Und auch ohne Strafen?

Wie als Einstieg in dieses Kapitel die Geschichte *Schlag zwölf in London* gezeigt hat, führt dies besonders eindrucksvoll der schottische Schriftsteller Robert Louis Stevenson in seiner Novelle *Der seltsame Fall des Dr. Jekyll und Mr. Hyde* vor. Stevenson schrieb diese Story 1886.

Mr. Hyde lebt die dunklen Triebe Dr. Jekylls, sein *Es*, aus. Jedes Verbrechen ist ihm Recht, um seine Lust am Bösen zu befriedigen. Als sich Jekylls *Es* verselbständigt, wird es unkontrollierbar. Es kommt und geht, wann immer es will. Wie ein Drogenabhängiger kommt der Arzt nicht mehr von seinen Trieben los. Das *Es* hat sich vom *Ich* abgespalten und führt als Mr. Hyde ein Eigenleben. Das *Über-Ich* wurde völlig verdrängt. Es ist machtlos. Somit gibt es nichts und niemanden, der an Mr. Hydes Vernunft appellieren kann. Denn mit dem *Über-Ich* verschwindet auch das von Wertmaßstäben beeinflusste vernünftige Denken. Nur die Lust zählt.

Die Faszination der absoluten Freiheit fernab von jeder Moral weicht dem Erschrecken über die dunkle Seite, die das *Ich* am Ende völlig beherrscht.

Die Interpretation der Novelle geht dahin, dass Stevenson die Folgen erzwungenen, angepassten Verhaltens, das sich ausschließlich nach den Normen der Gesellschaft richtet, am Extrem vorführt. Dass mit der Amoralität Mr. Hydes unter Ausschaltung von Vernunft und gesellschaftlichen Maßstäben völlige Hemmungslosigkeit einhergeht und geradezu zur Sucht wird, führt die Geschichte auf drastische Weise vor.

Ergebnis: Ohne die Einrichtung des *Über-Ich* ist der Mensch ein Tier. Um es mit Freud zu sagen: Das *Ich* findet in der Geschichte nicht zu seiner ausgewogenen Mitte zwischen *Es* (Mr. Hyde) und *Über-Ich* (Dr. Jekyll) zurück. Denn das *Es* hat die uneingeschränkte Herrschaft übernommen.

Diese zur Horror-Literatur zählende Geschichte übt eine enorme Faszination aus. Sie gilt als eine der am häufigsten verfilmten literarischen Vorlagen überhaupt. Auch wurde der Stoff in zahlreichen anderen Romanen verarbeitet. Mit *Dr. Jekyll und Mr. Hyde* ist ein Stück zu Weltliteratur geworden, das genau genommen Freuds berühmtes dreiteiliges Instanzenmodell vorwegnimmt.

Die Verfilmung mit dem Titel *Schlag zwölf in London* von 1960 ist besonders beeindruckend. Wie in der Romanvorlage erscheint Hyde, also das personifizierte *Es* von Dr. Jekyll, nach eigenen Regeln. Die Atmosphäre ist düster, erfüllt meisterhaft die Stimmung eines Horrorfilms, als sich die oben geschilderte Spiegelszene abspielt und Doktor Jekyll entsetzt in das boshaft lachende Gesicht des Zynikers Hyde starrt, unfähig, sein furchterregendes Unterbewusstsein in die Grenzen zu weisen.

Dies beweist: Ein Gestalt gewordenes *Es* kann ausgesprochen furchteinflößend sein.

Kapitel 12

Noch vor der Wiege...

Erikson, ein Schüler Siegmund Freuds, wurde 1902 bei Frankfurt am Main geboren und starb 1994 in Harwich Massachusetts (USA).

Wenn du Genaueres über Erikson wissen möchtest, lies das im Folgenden Gerahmte:

In Wien begegnete Erik Erikson Anna Freud, durch die sein Interesse an der Psychoanalyse geweckt wurde. Er ließ sich bald zum Psychoanalytiker ausbilden. Als Stiefkind eines jüdischen Kinderarztes und als Wissenschaftler, der die Ergebnisse und Modelle Freuds, ebenfalls jüdischer Herkunft, weiterentwickelte, emigrierte Erikson nach der Machtergreifung der Nationalsozialisten von Wien über Kopenhagen in die USA. Dort wurde er bereits 1939 US-amerikanischer Staatsbürger.

Auch ohne Universitätsstudium erhielt er eine Professur für Entwicklungspsychologie an den zwei amerikanischen Eliteuniversitäten Harvard und Berkeley.

Er entwickelte sein später berühmt gewordenes Stufenmodell weiter und veröffentlichte es schließlich. Man bezeichnete ihn schon zu Lebzeiten als den neuen Freud (*Neofreudianer*).

Berühmt wurde er durch besagtes Entwicklungsmodell, das wegen seiner zeitlichen Stufen auch als Stufenmodell der geistig-gesellschaftlichen Entwicklung bezeichnet wird.

Eriksons Stufenmodell ist heute noch aktuell. Jeder, der Psychologie, Sozialwissenschaft oder Pädagogik studiert, wird es im Laufe seines Studiums kennen und

schätzen lernen. Auch aktuelle entwicklungspsychologische Überlegungen und Hypothesen bauen auf Eriksons Modell auf.
(Vgl.z.B. http://de.wikipedia.org/wiki/Erik_H._Erikson)

Die Weiterentwicklung des Ansatzes von Freud

Im Gegensatz zu seinem Vorbild Freud betrachtet Erikson die Entwicklung des Menschen von seiner Geburt an bis zum Tod. Insofern ist Eriksons Modell deutlich umfassender und also auch weitreichender. Nach ihm hört die menschliche Entwicklung zu keinem Zeitpunkt des Lebens auf. Die letzte Stufe/Phase endet mit dem Tod.
Erikson untergliedert das menschliche Leben in acht Phasen.

Jedes Alter hat seine Krise

Jede Entwicklungsphase hält eine altersgemäße Krise bereit, die es zu bewältigen, zu lösen gilt. Die erfolgreiche Lösung der Krise in ihrer Phase macht den Weg für die Bewältigung der nächsten Entwicklungsstufe frei.
Ich krieg die Krise ist unter diesem Gesichtspunkt eine völlig normale Angelegenheit. ☺
Wenn die Lösung der Krise misslingt, wird es schwer, wenn nicht sogar unmöglich, die anstehende Krise der nächsthöheren Stufe in den Griff zu bekommen. Denn die Phasen bauen aufeinander auf. Statt *Krise* würde ich es *Herausforderung* nennen. Das klingt weniger anstrengend.
Weder Freud noch Erikson waren technisch in der Lage, das geistige Werden des ungeborenen Kindes zu

untersuchen. Insofern haben sie darüber auch nicht nach-gedacht. Es gab weder Ultraschall noch Geräte, um die Gehirnströme zu messen. Der Fötus im Mutterleib war damals also ein unbeschriebenes Blatt. Man sagt auch, eine leere, unbeschriebene Tafel (tabula rasa). Erst nach der Geburt würde das Leben die individuelle Geschichte in das Buch der Psyche schreiben.

Überraschung

Dass der Mensch seelisch als tabula rasa auf die Welt kommt, stimmt nicht. Ein grundlegender Irrtum, der durch die moderne Technik geradegerückt werden konnte.

Man weiß schon seit mehr als drei Jahrzehnten, dass es keineswegs so ist, als bekäme der Fötus nichts mit und hätte ausschließlich mit seiner Reifung zu tun.

Das Zusammenspiel von Technisierung und Forscher-drang hält spannende Ergebnisse bereit, die Freud und Erikson mit Sicherheit schwer beeindruckt hätten. So ist die Entdeckung der vorgeburtlichen seelischen Entwick-lung ganz ein wissenschaftliches Kind unserer Zeit. Und es ist von großem Vorteil, darüber Bescheid zu wissen, dass der Aufbau unseres biographischen Gedächtnisses bereits im Mutterleib beginnt.

Kapitel 13

Das kleine Vor-Ich

Druck mag ich gar nicht. Lieber verdrück ich mich in die hinterste Ecke. Ist ja genug Platz in meinem Bassin. Noch. Viel lieber mag ich Licht. Warmes Licht. Aber am liebsten höre ich Musik. Klaviermusik. Ich kann sie noch nicht lange hören. Wenn ich sie höre, bewege ich mich zu ihr hin.

Ich weiß nicht, ob ich hier richtig bin. An meinem Hals ist hinten eine Falte. Was ist daran schlimm?

Diese Spitze neben meinem Kopf. Gefahr. Bloß weg. Es geht noch einigermaßen. Aber nicht mehr so gut wie am Anfang. Die Musik spielt nicht mehr. Mein Bassin wird dauernd gedreht. Eigentlich mag ich das. Aber mir geht es nicht gut. Stress. Die Außerhalbstimmen seufzen. Es gibt Kummer. Wegen mir?

Heute wieder Druck. Aha – wieder die tiefe Stimme. Aber ein anderes Tief als das Immertief. Komisch.

Ich bin nicht richtig. Vielleicht. Es gibt keine Klaviermusik. Und niemand lacht. Meine Hülle zieht sich dauernd zusammen. Mir wird übel. Stress. Alleine. Obwohl ... . Bin ich doch richtig?

Das Klavier. Die Musik springt ins Wasser. Ich bekomme Schluckauf vor Schreck. So laut.

Jetzt ist die Musik richtig.

Ich bin auch richtig.

Vielleicht.

Oder doch nicht?

Der „Tagebuchauszug" versucht, die Eindrücke des Vor-Ich zu beschreiben, bis seine Mutter es sich gestattet, sich auf ihr werdendes Kind zu freuen.
Während *frau* in grauer Vorzeit guter Hoffnung war, hat

sie heute Sorgen. *Ist mit dem ungeborenen Kind alles in Ordnung? Hat es einen genetischen Fehler? Ist es vielleicht unheilbar krank? Ist es gar behindert?*
Sie ist erst beruhigt, wenn die Technik der Vorsorge-Industrie Entwarnung gibt. Bis dahin muss sie sich gefühlsmäßig wappnen, denn es geht um die schwierige Entscheidung, ob durch die sogenannte Spätabtreibung der Fötus abgetötet, entsorgt wird. Eine moderne Variante von Euthanasie, könnte man meinen. Die Entstehung unwerten Lebens darf per Gesetz abgebrochen werden. Ich weiß, das darf man so nicht sagen. Aber ich finde, dass es nichts anderes ist. Was die Medizin als genetischen Defekt nachweisen kann, darf abgetötet werden. Die Kasse zahlt.

Schon vor der Geburt ...

Es gibt eine vorgeburtliche (pränatale) Persönlichkeitsentwicklung, denn ab der neunten Schwangerschaftswoche bilden sich Nervenstrukturen. Von da an kann der Embryo Signale, also erste Sinneseindrücke aufnehmen. Bereits das ungeborene Kind ist ausgesprochen aufmerksam. Es kann schon hören, sehen, schmecken, erleben, fühlen und lernen. Durch die Hormone der Mutter fühlt es sogar eine ganze Menge, denn es nimmt die mütterlichen Stimmungen wahr. Und, besonders wichtig, die prägen sich bereits zu diesem frühen Zeitpunkt ein.
Was man früher nicht für möglich gehalten hat, ist Tatsache: Das Ungeborene empfindet Angst, Druck, Sorge, Zweifel, Freude, Stress und Glück mit seiner Mutter gemeinsam. Bereits vor der Geburt entwickeln sich die Wurzeln für die Persönlichkeit des Menschen.
(Vgl.: Klaus Evertz: Unsere Sozialisation beginnt schon vor der Geburt. In. Psychologie Heute. Beltz 2010 Heft 25. S.12 ff)

Der Fötus ist also kein abgeschirmter Keimling, der nur nach dem menschlichen Bauplan Zelle um Zelle bildet, gleichgültig, was außerhalb der Gebärmutter geschieht. Wie hauchfeine Wurzelfasern, wie eine sehr zarte Knospe bilden sich erste Nervenverbindungen. Unser biographisches Gedächtnis beginnt also deutlich vor der Geburt. Es speichert jetzt schon sowohl positive als auch ungünstige Ereignisse, was sich auf sein späteres Leben auswirkt.

Hormone sind Botenstoffe. Und die Botschaften, die die Mutter über die Hormonausschüttung weitergibt, kommen an – ob gewollt oder nicht.

Die Häufigkeit der Botschaft entscheidet

Ob sich ein Mensch glücklich fühlen wird, hängt zumindest teilweise davon ab, welche Botschaften in der vorgeburtlichen Phase besonders häufig und eindringlich gesendet wurden.

Das Ungeborene kann sich logischerweise noch nicht schlechte Stimmungen vom Hals halten, also unliebsame Botschaften filtern oder wegklicken. Es ist ihnen völlig ausgesetzt. So kann man sich vorstellen, dass die Gefühle der Mutter während der Schwangerschaft im nachgeburtlichen Leben des Kindes eine Rolle spielen können. Das bedeutet nicht, dass während der gesamten Schwangerschaft Friede, Freude, Eierkuchen herrschen muss. Aber negative Gefühle dürfen nicht so stark und dauerhaft sein, dass sie sich ins Gedächtnis eingraben.

Man könnte jetzt annehmen, dass die gesamte Verantwortung bei der Mutter liegt. Dem ist nicht so. Denn es kommt sehr darauf an, in welchem Umfeld die emotionale Seite der Schwangerschaft abläuft. Dazu gehört zum Beispiel, wie die Mutter von ihrem Partner unterstützt wird. Sie handelt ja nicht alleine, sondern sie reagiert auf die Mitmenschen. Wenn sich der engste Mitmensch liebevoll verhält und das Kind gewollt ist, sind die Botenstoffe Richtung Glück gepolt. Soll dem Kind in übertragenem Sinn eine Glückshaut wachsen, benötigt die werdende Mutter eine glückliche Schwangerschaft. Hört sich völlig selbstverständlich an. Ist aber häufig nicht der Fall. Zukunftsängste nehmen mit drohender Arbeitslosigkeit zu. Auch durch Lustlosigkeit der Väter an einer Familie steigt logischerweise die Sorge der Mütter wegen der großen Verantwortung, ihr Kind alleine großziehen zu müssen. Und das Gefühl von Verlassenheit macht obendrein traurig. Schlimm, wenn niemand da ist, der die werdende Mutter emotional entlasten kann. Schon vor der Geburt bilden sich die Verbindungen zwischen den Nerven (Synapsen – siehe Kapitel 4). Für das Leben außerhalb lernt der Mensch seine erste Lektion: Ist er erwünscht? Gilt er bis zur 24. Woche nur als Objekt, von dem man sich emotional leichter lösen kann für den Fall der Fälle?

Psychologische Vorsorge

Das Ungeborene registriert also jede Form von Stress. Der Fötus bekommt mit, wie die Eltern miteinander umgehen. Er ist ja immer dabei. Ist das Kind erwünscht und die Stimmung der Eltern neugierig und freudig, dann ist auch die Hormonausschüttung der Mutter entsprechend: Das Ungeborene erlebt, wie sich das Glück anfühlt.
Aber auch Stress und Angst (siehe oben) prägen seine Emotionalität. Mütter können zum Beispiel ein Trauma auf das heranwachsende Baby übertragen. Schlimmstenfalls entwickelt ein solcher Mensch später psychische

und psychisch-somatische Krankheiten, die in seinem vorgeburtlichen Lernen begründet sind.

Unser biographisches Gedächtnis beginnt also während der Schwangerschaft und legt durch die Art der Synapsenbildung ein erstes Fundament der Psyche. Die Grundlage für unsere Fähigkeit, unser *Glück zu schmieden,* die Bildung des Amboss', auf dem geschmiedet wird, hat begonnen.

Müsste sich die Geburtsvorsorge also nicht viel mehr der psychisch-sozialen Seite der werdenden Mutter widmen, anstatt in der Hauptsache genetische Unstimmigkeiten abzuklären? Warum bietet man nicht völlig selbstverständlich psychologische Vorsorge gleich mit an? Weil keiner weiß, wie die aussehen müsste?

Ich bin sicher, dass Erikson mit Wissen vom kleinen *Vor-Ich* sein Modell nicht erst mit der Geburt beginnen ließe. Er hätte sich auch um das Gemüt der werdenden Mutter und auch der Eltern Gedanken gemacht, denn er betrieb seine Überlegungen ausgesprochen gründlich.

Kapitel 14

Von der Wiege ...

Urvertrauen

Der Begriff *Urvertrauen* hat es vor Jahrzehnten bereits zum Modewort gebracht. Das Kleinstkind muss in den ersten anderthalb Jahren das Urvertrauen entwickeln. Ganz dringend!

Mit der Annahme, dass es ein *Vor-Ich* gibt, erweitern wir das Urvertrauen auf die Zeit im Mutterleib und die erste nachgeburtliche Phase.

Die Krise in der ersten Lebensphase nach der Geburt kann als *Vertrauen gegen Misstrauen* bezeichnet werden. Erfährt das Kleinkind, dass seine Bezugspersonen verlässlich sind, dass sein Bedürfnis nach Liebe, Geborgenheit, körperliche Nähe und Stillen des Hungers befriedigt wird, kann es auch Vertrauen zu seiner Umwelt entwickeln.

Erste Krise

Natürlich wird die Mutter nicht ununterbrochen für das Kleinstkind da sein. Sie hat wirklich auch noch anderes zu erledigen. Hierdurch beginnt das Baby, Misstrauen zu entwickeln. Nicht weiter tragisch, denn das gehört zum Leben notwendig dazu. Nur durch Konflikte lernt der Mensch, Frustrationen zu ertragen. Er hat bereits zu diesem Zeitpunkt die Chance zu lernen, eine unbefriedigende Situation eine Weile auszuhalten (Frustrationstoleranz). Allerdings darf die Zeitspanne zwischen Bedürfnis und seiner Befriedigung nicht überdehnt werden.

Verschwindet die Mutter nicht spurlos, was glücklicher-weise höchst selten geschieht, muss das Kind seine Be-dürfnisse nur über eine kurze Zeit aufschieben. Das Ver-trauen wird überwiegen. Die Harmonie seines kleinen Lebens ist wieder hergestellt. Es wird ein grundlegendes Sicherheitsbewusstsein entwickeln, auf dem es weiter aufbauen kann. Seine Probleme – Hunger, Bauch-schmerzen, volle Windel – werden gelöst. Das speichert die kleine Lebensbiographie. Wichtig für später: Das Kind hat Vertrauen gelernt.

Schon als Säugling muss man Geduld und Beharrlichkeit entwickeln. Wie das Leben im Großen niemals glatt ver-läuft, so ist es auch im Kleinen. Wenn es also ein wenig dauert, bis es zu essen gibt, muss man halt lernen zu war-ten. Auf diese Weise lernt schon der ganz junge Mensch, mit kleinen Niederlagen fertig zu werden. Eine wichtige Sache, damit man nicht zu jemandem wird, der schnell aufgibt. Zu jemandem mit wenig Durchhaltevermögen.

Kapitel 15

Forscherdrang

Kai, anderthalb Jahre alt, sitzt auf dem Teppichboden vor seiner Holzeisenbahn, als die Mikrowelle ruft. Seine Mutter geht in die Küche und will schnell das fertig aufgetaute Fleisch anbraten.

Eine gute Gelegenheit für Kai, endlich einmal ungestört die Schublade der Kommode aufzuziehen. Er greift sich das silbern glitzernde Päckchen. Mit seinen dünnen Pinzette-Fingerchen dröselt er ein kleines ovales Bonbon aus der Verpackung und steckt es sich in den Mund. Dann noch eins. Macht Papa täglich. Wird also seine Richtigkeit haben. Davon ist Kai überzeugt.

Als er sich verschluckt und loshustet, lässt seine Mutter alles stehen und liegen und springt aus der Küche. Als sie die offene Schublade wahrnimmt, erfasst sie sofort die Lage. Sie haut ihrem Sohn auf den Rücken, bis die Tabletten wieder herausrutschen und auf dem Teppich liegen. Derweil beginnt es, angebrannt zu riechen.

Du merkst schon: Kai ist in der Phase des Forschers und Entdeckers.

Auch der des Nachahmers.

Beginnt das Kind zu laufen und zu sprechen, kann es seine Umwelt gezielter begreifen. Und das in wörtlichem Sinn. Wer gerade Kinder in diesem Alter hat, wird jetzt aufstöhnen. Diese zweite Lebensphase findet ungefähr zwischen anderthalb und drei Jahren statt und ist für die Eltern furchtbar anstrengend.

Das Kind kann schon an vieles heranreichen. Es drückt auf sämtliche Knöpfe aller herumliegenden Fernbedienungen. Begeistert öffnet es Schränke. Und es interessiert sich für Steckdosen.

Du gehst morgens in die Küche und wirfst den Kaffeeautomaten an. Es riecht irgendwo komisch. Sehr komisch sogar. Und dann entdeckst du, wie ein zähflüssiges Rinnsal über den Boden kriecht. Dein Gehirn begreift allmählich und es fleht *Bitte nicht.*

Wir haben zweimal den kompletten Inhalt unseres Gefrierschrankes in die Mülltonne gekloppt. Danach hat mein Mann einen Riegel über dem so verlockend rot leuchtenden Kippschalter angebracht.

Erikson bezeichnet das Kleinkind-Stadium als entscheidend für das Verhältnis zwischen Liebe und Hass, Bereitwilligkeit und Trotz, freier Selbstäußerung und Gedrücktheit.

In dieser Zeit nimmt das Kind nicht mehr nur passiv wahr, sondern es handelt schon recht eigenständig. Allerdings auch, wenn die Eltern es gerade nicht im Blick haben. Und Gefahren kennt es zu diesem Zeitpunkt noch nicht. Auch keine abtauenden Gefrierschränke.

Das Kind ist in diesem Alter gefährdet, weshalb man am besten die Wohnung verkarsten lässt: Alle Vasen, Putzmittel, Streichhölzer, Medizin, Blumentöpfe und Deko abbauen und wegräumen, Schränke verschließen und daran denken, die Schlüssel abzuziehen. Für die Eltern eine Phase des täglichen Suchens. Allerdings auch der interessanten Überlegung, ob Tante Inges Vase nicht eigentlich längst auf den Flohmarkt gehört. Mit kleinen Kindern verschwinden automatisch die Platzfresser, die man häufig gar nicht mehr wahrnimmt. Erst wenn sie in Scherben liegen oder liebevoll in kleine Schnipsel zerlegt sind, stellt man fest, *da war doch noch was ...* Statt vormittags oder am Wochenende die Deko abzustauben (die hat man ja eingemottet), wirfst du halt abends Spielzeug in eine Kiste. Geht erheblich schneller.

Kinder brauchen Freiraum, um sich zu entfalten.

Kinder sind charmant

Mit seinem frühkindlichen Charme kann das Kind seine Mitmenschen um den kleinen Finger wickeln.
Zum Beispiel reagiert der Onkel genauso, wie es sich das Kleinkind wünscht. Er veranstaltet typische Kleinkinderspiele mit ihm, die es zum Lachen bringen. Und weil es so herzhaft lacht, folgen weitere. Es hat erreicht, was es wollte. Spaß haben. Glücksgefühle stellen sich ein.

Kritik

Wird zu diesem Zeitpunkt mit übertriebener Kritik reagiert – *das kannst du noch nicht; nein; lass es sofort sein!* – oder wird das Kind in all seinem Tun überwacht und beurteilt, so entstehen Selbstzweifel.
Es ist von Vorteil, wenn sich das Kind bereits jetzt ein wenig von seinen wichtigsten Bezugspersonen, meist Vater und/oder Mutter, lösen darf. Es testet seine neusten Errungenschaften aus, selber gehen und sprechen zu können, den Stuhlgang kontrollieren zu lernen usw. Da ist es gut, wenn es ausprobieren kann. Und besonders gut ist es, wenn keiner schimpft, wenn ihm etwas misslingt. Sonst wird es seine Aktivitäten bald herunterfahren.

Krisenbewältigung in der Kleinkindphase

Eine erfolgreiche Bewältigung dieser Phase, der Krise zwischen Eigenständigkeit (Autonomie) und Selbstzweifel/Scham, setzt Eltern voraus, die dem Anspruch von Vorbildern gerecht werden. Das Kind orientiert sich nämlich in der Hauptsache an seinen allernächsten

Bezugspersonen. Und das sind in den allermeisten Fällen die Eltern. Da ist es beispielsweise gut, wenn das Kind eben nicht lernt, dass sich Gewalt lohnt, weil man mit ihr in Nullkommanichts erreicht, was man will, weil der andere aus Angst sich der Gewalt beugt. Und dass es zeitlose Werte gibt, die genau deshalb zeitlos sind, weil sie ein gutes Miteinander ermöglichen. Neben Einfühlungsvermögen (Empathie) gehören Streitkultur ebenso dazu wie beispielsweise um Entschuldigung bitten zu können. Heutzutage nicht unbedingt gefragt als ein hervorstechendes Merkmal von Charakterbildung, möchte ich behaupten. Dafür demonstrieren genügend angesagte Leute Ellenbogenmentalität und Durchsetzungsmechanismen ohne Rücksicht auf Verluste, um nur einige problematische Rollen zu nennen, die problematische Vorbilder auf den Plan bringen.

Natürlich erfährt das Kind auch seine Grenzen. Aber man sollte es, solange keine Gefahr besteht, nicht ausbremsen. Sonst wird es an seiner Fähigkeit zur Kontrolle von Ereignissen zweifeln. Und Zweifler entwickeln wenig Risikofreude. Sie zweifeln an ihrem Können und werden in allem, was sie anpacken, zögerlich. Oftmals auch ungeschickt. Ist ja logisch, wenn man sich kaum traut, Unbekanntes auszuprobieren.

Eltern sollten ihr Kind in dieser Phase nicht mehr wie ein Baby behandeln, sondern es in seiner Freude am Ausprobieren bestärken. Die Dinge, die es selber erledigen soll, müssen natürlich zu seinem Alter passen. Völlig eigenständiges Zubettgehen ist noch zu früh. Auch der Anspruch, wenn es Hunger hat, sich selber etwas zu essen zu machen (Gefälligst!), bleibt besser eine Ausnahme.

Die Forscher- und Entdeckerphase zehrt an den elterlichen Grundbedürfnissen und an ihrem berechtigten Wunsch nach ein wenig mehr Bequemlichkeit in einem

Maß, dass man manchmal sein Kind auf den Blocksberg wünscht. Aber das verraten wir ihm erst, wenn es groß ist ...

Kapitel 16

Nachdenken und etwas Interessantes tun

Marlene steht am Küchentisch, den Kopf im Nacken. Sie starrt auf das Bild an der Wand.

Eine Maus sitzt auf einem Fahrrad, im Maul eine Margerite.

Was machst du gerade?, fragt die Mutter, verwundert darüber, dass sich Marlene nicht rührt.

Fernsehen, sagt Marlene.

Die dritte Stufe bezieht sich auf die Zeit zwischen drei und sechs Jahren. Hier stehen sich Tatendrang (Initiative) und Schuld gegenüber.

Das Vorschulkind kann sich völlig selbständig bewegen, kann laufen, sprechen. Es hat bereits sehr eigene Vorstellungen von dem, was es möchte – und natürlich von dem, was es nicht möchte. Und es hat auch schon eine Menge Tricks drauf, um seinen Willen durchzusetzen.

In dieser Zeit erkundet das Kind zunehmend die es umgebende Wirklichkeit. Es lernt Leute kennen, stellt unzählige Fragen. *Woraus bestehen eigentlich Zahlen? Warum schreibt man immer nur in eine Richtung?*

Es versucht, ohne fremde Hilfe seine Bedürfnisse zu befriedigen, die Umwelt zu erforschen. Und es entdeckt das Rollenspiel. Dadurch versetzt es sich in andere Personen hinein. Es ahmt andere Rollen nach.

Und es erfährt, was es heißt, miteinander etwas zu tun. Zu spielen, Ausflüge zu unternehmen, mit Hilfe einer anderen Person eine Idee in die Tat umzusetzen. Es beginnt, seine Gruppentauglichkeit zu trainieren.

Es kann nachdenken. Von Tag zu Tag ein wenig mehr.

Es überträgt seine Erfahrungen auf andere Dinge und Situationen. Marlene zum Beispiel weiß, dass man vor dem Fernseher sitzt und den Blick in eine Richtung lenkt. Und das eine ganze Zeitlang. Und dass es zwischen einem Bild an der Wand und dem Fernseher gewisse Unterschiede gibt. Trotzdem hat *Fernsehen* für sie noch die Bedeutung, für einen längeren Zeitraum ein Bild anzusehen.

In dieser dritten Phase setzt sich das Kind mit seinem Geschlecht auseinander und erkennt, dass es das andere Geschlecht gibt.

Das Gewissen entwickelt sich. Freuds *Über-Ich* lässt grüßen. So wissen Kinder schon recht gut, dass sie den Familienhund nicht reiten dürfen. Auch, dass man den Hamster nicht so feste drücken darf, wie man kann. Und dass die Schildkröte nicht mit Hilfe eines harten Gegenstands aus ihrem Panzer befreit werden muss.

Gibt es zu wenig kindgemäße Angebote, unternehmerisch die Umwelt zu erkunden, stumpft das Kind ab. In diesem Fall hat es gelernt, das meiste nicht zu können, weil es – angeblich - noch zu klein, zu ungeschickt und zu dumm ist. Weil es stört, weil es im Weg steht und dem Erwachsenen seine wertvolle Zeit stiehlt. Und weil die große Schwester oder der Bruder sowieso viel schlauer, geschickter, hübscher ist.

Viele Eltern haben einfach keine Lust, mit ihrem Kind etwas Interessantes zu unternehmen. Das Kind langweilt sich und fühlt sich in der Erwachsenenwelt bald mehr oder weniger überflüssig. Es traut sich wenig zu und muss oftmals seinen Tatendrang aus zweiter Reihe befriedigen: Mit Fernsehen oder Computerspielen, die ja bereits für Kleinstkinder im Angebot sind.

Geringes Selbstwertgefühl

Misslingt die erfolgreiche Bewältigung dieser Phase, entsteht das Gefühl fehlenden Selbstwertes. Ein solches Kind wird unter Versagerängsten und mangelndem Selbstvertrauen leiden.

Das geschieht auch, wenn das Kind häufig überfordert wird. Wenn es schon Dinge erledigen soll, die seinem Alter nicht angemessen sind. Es stößt andauernd an seine Grenzen, weil es aufgrund der zu hohen Leistungsansprüche scheitern muss. Es fühlt sich unfähig.

Solche Kinder geben irgendwann frühzeitig auf, selbst wenn sie Aufgaben angehen sollen, die durchaus ihrem Alter und Können entsprechen.

Du merkst: Es gibt vieles, das sich dem Glück in den Weg stellen kann.

Kapitel 17

Best Age

Papa soll die Lichterkette montieren und den Tannen-
baum einstielen. Ohne Nina wäre er damit schnell fertig.
Aber Nina will helfen. Papa hat gut geschlafen, gut ge-
frühstückt. Also darf Nina helfen.
Kinder sind lernbegierig.
Nicht umsonst hält man sie mit sechs Jahren für schul-
reif. Sie schauen neugierig zu und wollen nachmachen,
mitmachen, entwickeln sogenannten Werk-Sinn. Den
können sie allerdings nur dann verbessern und ausbauen,
wenn es der Erwachsene an handwerklichen Verrichtun-
gen beteiligt. Er muss zeigen, wie etwas funktioniert.
Darf das Kind dann selbst probieren und sich in Tätigkeiten üben, wird es geschickt. Dass der Vorgang für den
Erwachsenen dadurch mitunter doppelt so lange dauert,
liegt in der Natur der Sache. Eine Geduldsprobe, weil
man es als Erwachsener oft eilig hat. Dabei ist *Sich-
keine-Zeit-nehmen* für Kinder ganz schlecht. Denn Kinder brauchen den Erwachsenen, der einfach da ist, um
zuzuhören, der mit ihnen etwas unternimmt oder sie, wie
im Beispiel oben, bei einer handwerklichen Arbeit anlei-
tet. Sonst ziehen sie sich auf die Erlebniswelten aus
zweiter Hand zurück. Und Fernseher und Spielkonsole
töten bald Phantasie und Kreativität, wie man weiß. Kein
Wunder, dass die Zahl derjenigen steigt, die ungeschickt, ideenarm und wenig organisiert durch ihr noch
junges Leben stolpern.

Kinder wollen Erfolg haben

Durch Ideen und deren Umsetzung gewinnt ein Kind Anerkennung, auch durch seine gedanklichen (kognitiven) Fähigkeiten. Und natürlich möchte es Lob und Anerkennung einheimsen.

Es will neben dem Spiel auch nützlich sein, den Erwachsenen helfen, etwas leisten. So stehen im Alter zwischen sechs und der Pubertät die Gefühle von *Können* (Kompetenz) gegen die von *Minderwertigkeit und Unzulänglichkeit*.

Die erfolgreiche Lösung dieser Krise bringt dem Kind weiteres Vertrauen in seine Fähigkeiten. Die Schule führt es vom spontanen und meist zufälligen Erproben von Aktivitäten zu einer mehr und mehr systematischen Entwicklung. Sie hält Sport, Spiel und zielorientiertes Lernen bereit.

Und sie bietet jede Menge andere Kinder. Durch den Umgang mit Gleichaltrigen formt das Kind seine gesellschaftlichen Fähigkeiten weiter aus.

Im Idealfall erfährt das Kind möglichst viele Erfolgserlebnisse – und zwar sowohl im Lernen als auch im Umgang mit der Gruppe der Gleichaltrigen (*Peergroup; aus dem Englischen peer – gleich*). Scheitert es in dieser Phase, hat es mangelndes Selbstvertrauen.

Am besten ist es, typische Erwachsenensätze herunterzuschlucken. Also nicht zu sagen: *Jetzt beginnt der Ernst des Lebens.* Im Gegenteil tut man gut daran, die Vorfreude auf die Schule zu verstärken. Kinder wollen lernen. Sie haben Lust dazu, endlich selber lesen zu können. Und – ja – sie rechnen gerne. Für viele ist rechnen ein Spiel, bei dem es auf Genauigkeit ankommt. Bestärken wir also unsere Kinder darin.

Versagerängste

Jan ist im Alter von acht Jahren nach Kanada ausgewandert. Mit ihm ausgewandert sind seine Eltern und die zwei Jahre jüngere Schwester. Sie wohnen in Nova Scotia in einem etwas renovierungsbedürftigen Holzhaus mitten im Wald. In 200 Meter Entfernung lädt ein einsamer See zum Baden ein.

Noch in Deutschland kam Jan mit 27 anderen Kindern ins erste Schuljahr einer ganz normalen Grundschule. Der stille, verträumte Junge checkte nicht, was man von ihm wollte. Bei 28 Schülern fiel das zunächst kaum auf. Mit acht Jahren befand die Lehrerin, dass Jan in der Regelschule nicht genügend lernen konnte. Er müsse auf eine Förderschule. Inklusion gab es noch nicht.

Jan kam also in eine Schule für Kinder, die eine Lernbehinderung haben. Er musste jeden Morgen sehr früh raus, ab in den megavollen Bus, einmal umsteigen. Von nun an saß er bis zum Nachmittag mit anderen lernbehinderten Kindern in einer Klasse.

Im Feierabendverkehr ging es dann wieder in den rappelvollen Bus. Abends kam Jan völlig genervt zu Hause an.

Jan ist inzwischen zwölf Jahre alt. Er wird vormittags – nun also in Kanada - um 9Uhr mit dem Schulbus abgeholt. Wie alle anderen Schulkinder hat er einen Sitzplatz in dem Bus, der ausschließlich Schüler kutschiert. Er besucht die High-Scool, in der er außer Sport – viel Sport - vier Unterrichtsfächer hat. Weil Englisch nicht seine Muttersprache ist, bekommt er jeden Tag in dieser Sprache mindestens eine Stunde Sonderunterricht. Genau wie seine kleine Schwester.

Mit seinen 13 Mitschülern hat er sehr intensiv und über viele Wochenstunden in den vier Fächern Unterricht. Im nächsten Schuljahr wechselt eins der Fächer.

Förderschule? Sitzenbleiben?

Beides Fremdwörter. In Kanada wie auch in vielen anderen Ländern.

Mit Erwachsenen und Kindern gleichermaßen in vollgepresste Busse? Kein Sitzplatz während der Rush-Hour? Für Kanadier ein Unding.

Vollgestopfte Klassen?

Fehlanzeige.

Kinder erfahren in Kanada sehr hohen Respekt. Man quetscht sie hier nicht morgens in überfüllte Verkehrsmittel und schimpft sie in übervollen Klassen aus, wenn sie unaufmerksam sind. Oder auch aggressiv, weil die Busfahrt schon eine Zumutung war.

Jan ist kein Überflieger. Das nicht. Aber er kommt recht gut mit. Und das wichtigste: Er geht sehr gerne in seine Schule. Noch Fragen?

In diese Entwicklungsphase, um die es bei der Biographie von Jan geht (6 bis 12 Jahre), fallen häufig die Grundlagen von Minderwertigkeitskomplexen, die dem noch jungen Menschen das Gefühl geben, auf ganzer Breite zu versagen. Eine schreckliche Vorstellung. Und traurig obendrein.

Jan hat das Glück gefunden, als er Deutschland den Rücken gekehrt hat. Da war er, wie gesagt, acht Jahre alt gewesen.

Damit es nicht zu Minderwertigkeitskomplexen kommt, ist es wichtig, die Voraussetzungen für Erfolgserlebnisse zu schaffen. Das Kind sollte also mit Aufgaben konfrontiert werden, die es schaffen kann, ohne dass diese läppisch wirken. Denn das wäre unter seiner Würde und es würde sich weigern, überhaupt nur einen Finger zu rühren – frei nach dem Motto: *Ich bin doch kein Baby.*

Kapitel 18

Lernen

Wie wird eigentlich gelernt? Und warum ist es manchmal so schwer, Kindern ein bestimmtes Verhalten beizubringen?
Und was passiert, wenn keiner da ist, der einem etwas beibringt? Wenn man im Extremfall noch nicht einmal lernen darf, was Liebe ist?

Konditionierung

Herr Schmitz ist ein Mann von Konsequenz und seit kurzem Hundeliebhaber. Er ist nämlich frisch in Rente.
Herr und Frau Schmitz wohnen in Parterre in einer gerade erst renovierten Wohnung am Stadtgarten, was für die Anschaffung eines Hundes nicht unwesentlich ist. Kann man doch sozusagen gleich vor der Haustüre Gassi gehen. Schon deshalb sehr vorteilhaft, weil es einfach doof ist, Hundehaufen vom Bürgersteig einzusammeln.
Auf Empfehlung eines Hundekenners und nach Durchforstung etlicher Hundefachzeitschriften schafft sich das Ehepaar einen Golden Retriever an. Schließlich sind die Kinder längst erwachsen, die Wohnung groß genug und der nicht gerade kleine Hund hat im Stadtgarten reichlich Auslauf. Wie praktisch, dass man nur das Wohnzimmerfenster öffnen muss. Da kann Becks einfach hinausspringen, wenn er groß genug ist.
Herr und Frau Schmitz haben sich in das Hundehalterleben eingearbeitet und holen eines schönen Nachmittags Becks vom Züchter ab. Er ist erst einige Wochen alt und

noch so ein richtiges Knuddelhündchen.

Als erstes muss man Becks die schlechten Manieren abgewöhnen und die guten beibringen.

Besonders lästig ist die Tatsache, dass Becks gerne ins Wohnzimmer auf den funkelnagelneuen Teppich pinkelt – und zwar hebt er das Bein an dem rustikalen Wohnzimmertisch, den er ganz offensichtlich mit einem Baumstamm verwechselt. Klar, dass Herr Schmitz jetzt seine Konsequenz zum Einsatz bringt. Becks ist bereits groß genug. Herr Schmitz ist Frischluftfanatiker. Das Fenster der guten Stube ist immer nur angelehnt. Und als es Becks wieder getan hat, greift sich Herrchen den bösen Hund, schubst den Fensterflügel auf und wirft Becks hinaus. Der bellt und rennt übermütig in den Stadtgarten. Das macht Herr Schmitz jetzt jedes Mal. Wär doch gelacht, wenn man dem Hund keine Manieren beibringen könnte.

Verflixt, dass Becks sich diese Wohnzimmertischpinkelei nicht abgewöhnt. Dafür hat Becks, selbständig, wie er inzwischen ist, erfolgreich gelernt, was Herrchen ihn gelehrt hat. Ab sofort pinkelt er an gewohnter Stelle und springt mit einem eleganten Satz aus dem Fenster.

Bei dem beschriebenen Vorgang handelt es sich um eine Form von Bedingungslernen (Konditionierung).

Ein ursprünglich spontanes, beliebiges Verhalten wird durch eine angenehme oder unangenehme Folge dauerhaft verstärkt oder verändert. Hierdurch wird die Wahrscheinlichkeit, dass ein bestimmtes Verhalten auftritt, erhöht, verringert oder abgestellt.

Bei Becks funktioniert die Sache folgendermaßen: Unter der Bedingung, dass er erfolgreich ins Wohnzimmer pinkelt, darf er hinaus ins Freie springen und in seinen geliebten Park rennen.

Becks wird für die Wohnzimmerpinkelei belohnt. So hat

er gelernt, dass sich Herrchen freut, wenn Becks auf den Teppich pinkelt. Denn Herrchen lässt ihn anschließend durch den Park toben. Wie schön!

Ein unbeabsichtigtes Belohnungssystem

Kinder werden ähnlich konditioniert wie Becks. Erst wenn sie größer sind und selber Entscheidungen treffen können, ist Konditionierung nicht mehr ohne weiteres möglich.

Max, zwei Jahre alt, quengelt an der Kasse die in Kleinkinderhöhe aufgebahrten Süßigkeiten an. Sein Händchen grabscht sich ein Täfelchen Schokolade, Mami flötet, *nein, Mäxchen, es gibt jetzt keine Schokolade.* Sofort schlägt Mäxchen andere Töne an. Stufe zwei auf der Jammer-Frequenz. Er beginnt zu heulen. Mami kennt die nun folgenden Wut-Stufen und gerät ins Schwitzen.

Beim dritten Grabsch entreißt die Mutter dem kleinen Monster die verflixte Tafel und wirft sie zurück in den Kleinkind-Verführkorb. Max steigert die Lautstärke auf drei bis vier seiner persönlichen Schreiskala. Endlich hat Mami ein Einsehen und knallt das Täfelchen Schokolade aufs Förderband an der Kasse. Zwei senkrechte Stirnfalten demonstrieren, was sie von der Sache hält. Und Mäxchen hat was fürs Leben gelernt: *Wenn ich lang genug quengel, meine Lautstärke langsam steigere, werde ich für meine Anstrengungen belohnt, sobald ich die Höchststufe angeschlagen habe. Denn dann bekomme ich, was ich will.*

Nachahmung

Lisas Oma lässt sich nicht lumpen und schenkt der

Enkelin ihre Käthe-Kruse-Puppe von ganz früher.
Die musst du besonders gut pflegen, lieb haben und versorgen, meine Süße, gurrt Oma. Lisa versteht zwar noch nicht alles, aber sie hört ihrer Großmutter gut zu.
Vor dem Schlafengehen sitzt Lisa erfolgreich auf dem Töpfchen, Puppe Käthe wird noch vor dem Entleeren auch mal drauf gesetzt. Käthe hat aber nur einen kleinen Puppenhintern und sitzt in der Kacke. Die Puppenmutter kräht glücklich, sagt *fein demacht* und streichelt ihre Ziehtochter.
Klar, dass Lisa Käthe anschließend badet. Macht Mami mit ihr ja auch immer. Und weil Mami Lisa des Öfteren nach dem Baden die Haare schneidet, plant Lisa nun ebenfalls für Käthe einen Kurzhaarschnitt. Kein Problem, denn Lisa kann auf den Hocker klettern und die Schere aus dem Badezimmerschrank holen. Nach dem Bad in der Kloschüssel geht Käthe zu Friseurin Lisa. Der Friseurbesuch soll sich lohnen und so hat Käthe statt wallender Locken nun wirklich rattenkurze Haare. Anschließend darf Käthe vor dem Zähneputzen noch Kakao trinken, der in Lisas Tasse übrig geblieben ist. Dann bekommt Käthe die Zähne geputzt. Macht nix, dass sie den Mund nicht aufmachen mag. Putzt man halt die Lippen. Käthe ist nun versorgt und Lisa hochzufrieden – genau wie Mami, wenn sie Lisa nach dem Baden ins Bett steckt und noch eine Gute-Nacht-Geschichte vorliest.
Lisa hat mitbekommen, dass kurze Haare viel angenehmer zu bürsten sind als lange Haare, die sie noch bis vor kurzem hatte. Und Mami muss nicht mehr schimpfen, sondern guckt glücklich, weil Lisa beim Haare kämmen nun nicht mehr jammert. Lisa muss auch nicht mit Käthe schimpfen und kann ebenfalls glücklich gucken, denn Käthe hat nur noch stoppeliges Resthaar.
Lisas Aktion ist ein Beispiel für Nachahmungslernen

(Imitationslernen), das etwa mit dem ersten Lebensjahr beginnt. Das Kind lernt am Modell – im Fall von Lisa an Modell Mama – und zwar durch Beobachten und durch Erfolg.

Lisa überträgt ihre Erfahrung auf die Puppe. Die anderen Folgen aus der Handlung – Puppenhaare wachsen nicht nach – kann das Kind in diesem Alter noch nicht voraussehen. Insofern handelt Lisa völlig konsequent.

Spiegelnerven

Die moderne Nervenforschung (Neurologie) hält sogenannte Spiegelnerven (Spiegelneuronen) als ausschlaggebend für die Entwicklung menschlicher Fähigkeiten. Spiegelnerven sind für das Nachahmen von Aktionen zuständig, bilden sogar die Grundlage für das Erlernen/Nachahmen von Gefühlen, Denken, Sprechen. So ahmen Kinder das nach, was ihnen richtig und praktisch erscheint, um ein bestimmtes Ziel zu erreichen.

Imitationslernen funktioniert auf allen Gebieten – gleichgültig, ob wir Aggressionen lernen, Empfindsamkeit oder den Umgang mit dem Glück. Immer werden wir ein Modell haben, das uns vormacht, wie es geht, damit man Erfolg hat. Damit man Ziele erreicht und glücklich wird oder sich zumindest glücklich wähnt.

Diese Ziele können auch Macht und Rache heißen. Oder sie orientieren sich daran, wie man den anderen über'n Tisch zieht. Wie man aus einer Sache rausholt, was rauszuholen ist, ohne Rücksicht auf Verluste.

Welche Wertvorstellungen in einer Gesellschaft angesagt sind, unterliegt der speziellen Gesellschaftsart mit ihren Strukturen, ihrer Kultur, ihrem Rechtswesen, mit allem, was eben die jeweilige Gesellschaft ausmacht. Und natürlich dem Zeitgeist. Und der schlägt zurzeit einige Kapriolen. Zum Beispiel findet man es eigentlich unhöflich, dass Gäste, Freunde und Bekannte während des gemeinsamen Essens ihr eingeschaltetes Handy gleich neben dem Teller liegen haben, um in jeder Sekunde informiert zu sein – von was und wem auch immer. Aber kaum jemand stellt sein Handy ab oder bringt es erst gar nicht mit zu einer Verabredung. Stillschweigend unterwerfen wir uns Verhaltensweisen, die wir noch vor wenigen Jahren als No-Go abgelehnt hätten. Durch den Zeitgeist schleifen sich auf schleichende Weise Dinge ein, die noch vor kurzem undenkbar gewesen sind.

Heiße Kaspar

Am 26.Mai 1828 – übrigens einem Pfingstmontag - stolpert ein offensichtlich geistig zurückgebliebener Junge den Unschlittplatz in Nürnberg entlang, dem Schuhmachermeister Weickmann beinahe in die Arme. *Heiße Kaspar* soll er gesagt haben. Dazu den wie auswendig gelernten Satz *Ein solcher Reiter möchte ich werden, wie mein Vater gewesen ist.*
Der Sprachschatz des etwa 16jährigen ist äußerst begrenzt. Zahlreiche Theorien beschäftigen bis heute die Forschung, ob der Findling ein entführter Thronfolger gewesen sei oder ein Aufschneider oder einfach ein extrem verwahrloster Junge.
DNA-Analysen sprechen eher gegen eine königliche Abstammung des Hauses Baden, die vertuscht werden sollte, weshalb man den Jungen entführt habe. Blutspuren aus der unter Verschluss gehaltenen Kleidung Hausers hat man für eine entsprechende Untersuchung verwenden können. Doch bei einem Vergleich mit den noch lebenden Nachkommen des infrage kommenden

Königshauses stellte sich heraus, dass die DNA keinerlei Übereinstimmung zeigte.
(vgl. Spiegel 21.12. 2002)

Auch besteht der Verdacht, dass Hausers tödliche Verletzungen, an denen er gestorben ist, von ihm selber stammen könnten. Vielleicht wollte er weiterhin im Mittelpunkt stehen. Dies würde bedeuten, dass er das öffentliche Interesse an sich genossen hat.

Möglicherweise gab es also keinen Täter, der den inzwischen jungen Mann im Nachhinein endgültig beseitigen wollte oder den Auftrag dazu hatte.

Die Überschrift dieses Kapitels *Heiße Kaspar* entstammt dem gleichnamigen melancholischen Lied von Reinhard Mey.

Man kann die Geschichte von Kaspar Hauser hundertfach nachlesen. Außerdem wurde sie in Romanen verarbeitet und in zahlreichen Filmen ausgeschlachtet.

Die Wissenschaft konzentrierte sich vor allen Dingen auf die folgende Darstellung, wie Kaspar Hauser sie selber gegeben hat: Solange er denken könne, sei er alleine in einer Art Verließ bei Wasser und Brot gefangen gehalten worden. Keine Person habe mit ihm geredet noch habe er jemals eine Person zu Gesicht bekommen.

Das Kaspar-Hauser-Syndrom

In Entsprechung Eriksons Entwicklungsstufen war Kaspar Hauser mit 16 Jahren geistig beeinträchtigt (retardiert). Man kann ihn sogar als geistig behindert einstufen, denn seine Intelligenz lag weit unterhalb dessen, was als normal durchgeht.

Menschen, die ohne Zuwendung aufwachsen, haben grundsätzliche Mängel in der geistig-seelischen Entwicklung. Diese kann man nicht mehr beheben.

Menschen wie Kaspar Hauser haben weder Nähe noch Liebe erfahren. Damit fehlen ihnen menschliche Grundbedürfnisse. Da jeder Mensch für eine gesunde seelische Entwicklung unabdingbar Liebe und Nähe braucht, spricht man sogar von Raub (Deprivation – von deprivare: berauben). Raub von dem, was den Menschen in seinem Werdegang am Ende ausmacht.

Nestwärme, Gespräche, Lern- und Streitkultur kann man nicht in einer Art Schnelldurchgang von Entwicklungsstufen, die bislang nicht stattgefunden haben, nachholen.

Lernen im Sinne von Konditionierung – also durch Belohnung und Bestrafung - ist zwar bis zu einem gewissen Grad möglich, aber im emotionalen Bereich bei extremer Vernachlässigung nur sehr eingeschränkt machbar.

Kaspar Hauser dürfte starke autistische Züge gehabt haben, denn Einfühlsamkeit kann man nicht mit 16 Jahren noch nachträglich erlernen. Spiegelung hat in keiner der grundlegenden Entwicklungsphasen stattgefunden.

So spricht man heute bei extremer Vernachlässigung von Kindern vom *Kaspar-Hauser-Syndrom*. Es sind Kinder, die das Glück nicht mehr finden kann.

Kapitel 19

Jugendzeit - schönste Zeit

Die Jahre der Jugend sind heiter und schön,
oh schade, dass sie so schnell vergehn,
die glücklichen Tage, die fröhlichen Stunden
sind, eh man's denkt, auf einmal verschwunden.

Wer sich diesen Spruch fürs Poesiealbum ausgedacht hat, hat keine Ahnung, höre ich dich sagen. Und damit hast du vollkommen recht. Das Jugendalter ist die krisenanfälligste Episode insgesamt. Und – ganz wichtig - sie ist mehr als die Summe all unserer bis hierhin gesammelten Kindheitsentwicklungsphasen.
Vermuten kann man Folgendes: Den Vierzeiler hat jemand verfasst, der nicht mehr jung war und es gerade besonders schwer hatte. Da passiert es leicht, dass man die Vergangenheit verklärt, zumal man *Jugend* mit Freiheit und erster ernsthafter Liebe verbindet.

Ich bin einmalig. Oder vielleicht nicht?

Was ist so schwierig in der hochgelobten Jugendzeit?
Das Hauptproblem ist, alle Rollenerwartungen, die an den Jugendlichen gestellt werden, zu erfüllen und dazu noch die eigene Einmaligkeit unter Beweis zu stellen.
Die Phase schließt sich an die Pubertät an und reicht bis etwa zum 20. Lebensjahr. Für die Eltern bedeutet dies, dass sie vom Taxifahrer zum Autoverleiher mutieren. Damit benötigen sie dringend autogenes Training, damit sie sich in der ersten Zeit nach dem 18.Geburtstag ihres

Kindes des Nachts nicht ausschließlich schlaflos im Bett herumwälzen, bis sie im Morgengrauen ein gewohntes Motorengeräusch auf der Straße hören. Und anschließend, wie jemand die Haustüre öffnet und versucht, in sein Zimmer zu schleichen.

Im Idealfall hat der junge Mensch die Möglichkeit, ein festes Vertrauen in die eigene Persönlichkeit zu entwickeln. Er erfährt seine körperliche Reife, auch in sexueller Hinsicht, was einer körperlichen Revolution gleichkommt. Er kann und darf sich ausleben. Jedenfalls in einer aufgeklärten Gesellschaft, in der Normen wie Unberührtheit der Mädchen und spätestens bei einer Schwangerschaft die unaufschiebbare Heirat im Allgemeinen nicht mehr streng gehandhabt werden.

Der Jugendliche löst sich zunehmend von den Eltern, was für beide Parteien anstrengend sein kann. Die manchmal harten Auseinandersetzungen dienen der Abgrenzung. Sie machen es dem jungen Menschen leichter, sich von seinem Zuhause zu lösen, weil er das Gefühl bekommt, dass er seinem Elternhaus entwachsen ist.

Viele Eltern erleben, dass ihr Kind eigentlich gar nicht wirklich ausziehen mag. Es erscheint ganz gegen sonstige Gewohnheit plötzlich zum gemeinsamen Abendessen, hat vielleicht sogar eingekauft und – Oh Wunder! – die Spülmaschine ausgeräumt. Sie spüren als Eltern den inneren Konflikt, den der Sohn oder die Tochter mit sich ausmachen muss. *Ich muss auf eigenen Füßen stehen. Aber zu Hause ist es warm, und es gibt zu essen. Ich werde nicht infrage gestellt. Ich kann kommen und gehen, wann ich will, habe jede Menge Annehmlichkeiten und (fast) keine Pflichten.*

So helfen Auseinandersetzungen, auch wenn sie manchmal künstlich hochgefahren werden, die Zelte der Behütung und Versorgung abzubrechen, damit der

Jugendliche vor sich selber sagen kann, dass es besser und an der Zeit ist, auszuziehen.

Selbstwahrnehmung

Normalerweise hat der Jugendliche einen realistischen Eindruck von seinem Erscheinungsbild, seiner Intelligenz, seinen Begabungen. Und er weiß, wie er auf seine Mitmenschen wirkt – wie er ankommt, ob man ihn akzeptiert. Und welche Leute ihn weniger akzeptieren.

Diese Stufe endet mit der Wahl eines Berufsweges. Nicht der erste muss gleich ein Volltreffer sein. Der aktuelle Markt macht es den Jugendlichen wirklich nicht leicht, zwischen Neigung und Bedarf auf dem Arbeitsmarkt eine sinnvolle Entscheidung zu treffen. Vielleicht sogar eine Entscheidung gegen die eigene Begabung, weil eben nicht so viele Musiker gebraucht werden und nicht jeder *was mit Medien* oder Eventmanager werden kann. Hier ist mehr als auf den anderen Entwicklungsstufen die Fähigkeit angesagt, Enttäuschungen wegzustecken (Frustrationstoleranz), damit der Jugendliche nicht so leicht aufgibt, sondern zum Beispiel eine Ausbildung angeht, die er zunächst überhaupt nicht auf dem Plan hatte. Die ungeheure Vielfalt an Berufsfeldern und die große Freiheit in der Ausbildungs- und Berufswahl erschwert dabei eine Entscheidung ganz erheblich.

Heutzutage hat man als junger Mensch andauernd im Hinterkopf, dass man sich falsch entschieden haben könnte, wo es doch noch so viele andere Möglichkeiten gibt. Nicht nur dieses Faktum sorgt bei vielen für richtig viel Stress.

Druck

Die Rollenvielfalt und damit die unterschiedlichen Ansprüche an den Jugendlichen sind enorm: Zu den familiären Rollen als Sohn/Tochter, Enkel/Enkelin usw. kommen neben der Schüler-/Studenten- und Freundesrolle Vorstellungen von denjenigen Rollen, die das zukünftige Berufsleben verlangen wird.
Mancher Jugendliche sitzt ein ganzes Jahr vor seinem Computer ab, um dem Entscheidungsdruck zu entkommen. Ein großes Problem auch für die Eltern, die es meist nicht fertigbringen, das erwachsene Kind vor die Tür zu setzen mit dem Auftrag, endlich das Studium oder eine Ausbildung anzufangen oder halt arbeiten zu gehen.

Partnervorstellungen

Der Jugendliche entwickelt mit zunehmender Erfahrung eine Vorstellung davon, welcher Partner, welche Partnerin zu ihm passt. Die hohe Scheidungsquote trägt allerdings nicht dazu bei, sich bei der Partnerwahl sicher zu fühlen. Ein Problem unserer Zeit, denn es wird sich reichlich oft getrennt, bevor man zum Beispiel in die Familienplanung einsteigt.
Der Jugendliche spürt, dass er trotz seiner Einzigartigkeit im Grunde genommen so sein muss wie alle anderen auch. In der eigenen Einmaligkeit gesellschaftliche Anerkennung zu finden ist der Balanceakt, den diese Entwicklungsphase kennzeichnet.

Ein Gefühl von Unfertigkeit

Und wie sieht es aus, wenn diese Phase der Entwicklung nicht von Erfolg gekrönt ist? Wenn er es nicht schafft, die Krise zwischen einem Ich, das er vor sich selber vertreten kann (Ich-Identität) und der Vielfalt der an ihn gestellten Erwartungen (Rollendiffusion) zu bewältigen? Dann nimmt er sich als unfertiges Puzzle wahr. Die Berufswahl lastet wie ein Zwang auf ihm, was lähmend sein kann. Er ist unsicher, fühlt sich häufig als Verlierer. Wie das aussehen kann, ist oben beschrieben. Der Jugendliche weicht auf ein Terrain aus, das ihm eine Sicherheit vorgaukelt, die er de facto nicht hat: Jede Menge „Freunde" im Netz, die nur auf ihn zu warten scheinen und unter denen er „Leidensgenossen" findet, was seine Rückzugshaltung weiter bestärkt.

Obwohl *Looser* nur die englische Übersetzung ist, trifft es im aktuellen Sprachgebrauch die Sache besser. Der Jugendliche hat das Gefühl der Minderwertigkeit im Vergleich zu denjenigen, die es geschafft haben oder deren weiterer Lebensweg schon feste Bahnen erkennen lässt.

Ein *Looser* schließt sich gerne Gruppen an (Das Internet hält unzählige bereit), die feste Strukturen bieten. In ihnen findet er Halt. Das kann vor allem in politischer Hinsicht sehr fragwürdig sein.

Entwicklungsstufen sind nicht beliebig

Eriksons Modell geht davon aus, dass die Stufen der psychisch-sozialen Entwicklung grundsätzlich im Menschen angelegt sind. Jede Krise, die bewältigt werden muss, kann nur innerhalb einer Altersstufe gelöst werden. Es gibt sie, die sogenannten sensiblen Phasen. Der Volksmund sagt dazu: Alles zur richtigen Zeit und in der richtigen Reihenfolge.

Entwicklung und Kultur

Wahrscheinlich kommen dir spätestens jetzt Gedanken, die mit Umwelt und kulturellem Umfeld, Zivilisation oder Naturvölkern zu tun haben. Völlig berechtigt, denn das Stufenmodell, wie Erikson es entwickelt hat, orientiert sich an der Industriegesellschaft. Es kann demnach nicht den Anspruch erheben, ein allgemeingültiges Entwicklungsmodell für die ganze Menschheit zu sein.

Ob ein neues Verhalten, eine Weiterentwicklung der Persönlichkeit erfolgreich ist, hängt maßgeblich von der Kultur und dem gesellschaftlichen Leben ab, in das man hineingeboren wird. Und hier sind wir beim Knackpunkt: Unsere Gesellschaft hält derart viele Fallstricke für die geistig-soziale Entwicklung bereit, dass man sich manchmal wundert, dass in unseren Breiten nicht noch mehr glücklose und kaputte Typen produziert werden als ohnehin schon. Oder wie erklärt sich sonst die steigende Aggressivität? Die Häme, die anscheinend durch Internet und Fernsehen regelrecht kultiviert wird?

Wir produzieren das Unglücklich-Sein, als handele es sich um eine ansteckende Krankheit. Und es gibt offenbar kein Universalmittel dagegen. Beruhigungstabletten und –tropfen deckeln nur die Symptome, damit sie erträglicher werden. Den großen Rest erledigt zum Beispiel der Alkohol oder die Spielkonsole.

Die sozialen Stolperfallen sind zahlreich, und, wie oben erwähnt, haben es Jugendliche besonders schwer, weil sie oftmals der Vielfalt der Erwartungen an sie nicht gewachsen sind.

Wenn die Bedingungen in Elternhaus, Schule und in der Gleichaltrigengruppe für sie ungünstig sind und sie allzu viele Frustrationen wegstecken müssen, kann es durchaus passieren, dass sie ganz extrem reagieren, wenn sich so ein vertracktes Lebenspuzzle wie bei Maximilian ergibt. Da fragen sich dann alle, wie so ein unauffälliger Junge so etwas Entsetzliches tun konnte.

Der Roman „Sein Spiel" erzählt dazu die folgende Geschichte:

Von seinem Stiefvater nicht akzeptiert, kann Maximilian die Rollenerwartungen seines begüterten Elternhauses nicht erfüllen, ist als Kleinkind einmal misshandelt worden, weshalb eine Hand missgebildet ist. Seine oberflächliche Mutter steht kaum zu ihm. Maximilian ist in der gefühlskühlen Atmosphäre eines wohlständischen Elternhauses als sensibles Kind völlig überfordert und entwickelt krankhafte Züge. So ermordet er typisch kindgemäß Haustiere wie Hamster und Meerschweinchen, vergräbt kiloweise Tulpenzwiebeln in allen Farben im elterlichen Garten, wohl wissend, dass seine Mutter das „bunte Zeug" hasst und herausreißen wird.

Maximilian wird älter. Zunehmend wird er zum Mobbingopfer und zieht sich schließlich völlig in sich zurück. Seine Gewaltphantasien lebt er in Ego-Shooter-Spielen wie zum Beispiel Counterstrike aus.

Es kommt der Tag X.

Hannah erzählt ihre Geschichte.

„Ich drehte mich zur Türe. Die wurde aufgestoßen - und da stand er. Festlich in Schwarz gewandet. Für die Öffentlichkeit und seinen ganz großen Auftritt auf einer winzig kleinen Bühne zwischen Tafel, Lehrerpult und vorderster Tischreihe. Die Maske des Zorros vor den Augen. Es kam mir vor, als hätte er einen höheren Auftrag, als wäre er der Hohe Priester persönlich. Die Waffe in der Hüfte. Einer, der jetzt etwas wahnsinnig Tolles vollbringen muss. Der große Mumpitz persönlich gab sich die Ehre. Das Schlachtfest kann beginnen, durchzuckte es mich. Und dass es für mich keinen Ausweg gab. So viel war klar. Dabei hätten wir eigentlich gleich

Sport. Lässig spielte er mit dem tödlichen Teil in seiner Hand. Seine Botschaft ließ keinen Zweifel. Wie im Film, dachte ich und sah ihn von oben bis unten an. Und dass es heute nicht so in der Klasse stinken würde, weil ja der Sportunterricht ausfiel, dachte ich auch noch. Die panischen Schreie der anderen vernahm ich nur am Rande. Er zuckte mit keiner Wimper. Aufgerissene Feindaugen. Dunkelbraun. Er zielte nicht auf den Kopf, er wollte das Herz. Mein Herz. Und er, der Todesengel, suchte Weinen und Wimmern. Hatte neulich jemand aus der Bibel vorgelesen. Offenbarung oder so. Das fiel mir allen Ernstes in genau diesem Moment ein. In meinen letzten Sekunden auf dieser Welt. Und ich fand ihn irgendwie zum Lachen, musste grinsen. Ich - eine dem Tod Geweihte mit Gänsehaut, weil sowohl das Fenster als auch die Türe offen standen. War ich überhaupt gemeint? Lag hier eine Verwechslung vor? Nein. Er drückte ab, der ‚vielversprechende junge Mann', wie ihn meine Oma todsicher genannt hätte, er, der Schwarze Mann. Und ich, auserwählt vom göttlichen Zufall für sein Ritual, zwinkerte meinem Schutzengel zu, der mich vor meinem inneren Auge erschrocken anblickte. Ich fiel ganz einfach um, beinahe geräuschlos, hörte weitere Schüsse, sah gerade noch, wie er ebenfalls zusammensackte. Wie in Zeitlupe. Eine Sekunde lang hörte ich noch, wie er, der erwählte Möchtegern-Rächer, nach Luft schnappte."

Im Show-down richtet Maximilian als Zorro verkleidet in der Schule ein Blutbad an. In der Zwischenwelt begegnet er Hannah, einem seiner Opfer, und er würde sein Leben geben, die Tat ungeschehen zu machen, denn er hat sich in Hannah verliebt. Aber er hat kein Leben mehr. Doch er erhält eine unglaubliche Chance …
(Doro May: Sein Spiel. Südwestbuch-Verlag Stuttgart. 2011.)

Kapitel 20

Sprachentwicklung und Psyche –
ein Dauerbrenner

Sonja sagt ihrer kleinen Tochter Wörter vor. Zum Beispiel das Wort Kuh, weil auf dem täglichen Spazier-, Einkaufs- oder Kinderhortweg eine Weide mit Kühen ist.

Anna sitzt im Kinderwagen und plappert herum. Hat sie da nicht gerade so etwas Ähnliches wie *Kuh* gesagt? Sonja strahlt die kleine Tochter an. Anna strahlt zurück. Schon bald sagt sie das Wort nach. Nicht gleich ganz korrekt, weil das K nicht von Anfang an zum Kleinkind-Repertoire gehört. So wird aus dem K zunächst ein T, und Anna sagt also *Tuh*. Voller Freude über den Erfolg wiederholt ihre Mama das Wort in korrekter Aussprache: *Kuh*. Anna hört immer wieder, wie es richtig klingt, sagt bald selber *Kuh* und erntet freudiges Lachen. Sonja wiederholt mehrmals *ja – Kuh*.

Anna wird nun von sich aus immer wieder *Kuh* sagen, weil sich Mama darüber so freut und sie sich dadurch bestärkt fühlt.

Natürlich probiert das Kind auch andere Wörter aus – ist ja für den Erwachsenen auch öde, ständig bei demselben Wort zu applaudieren. Das Kind lernt sprechen. Durch das ständige Wiederholen, Verbessern, bis dass ein Wort richtig sitzt, verfestigt sich der Sprachschatz. Dies geschieht im Gehirn auf die schon angesprochene biochemische Bildung von Kontaktstellen (Synapsen) zwischen den Nervenzellen. Wird dem Kind oft genug ein und dasselbe Wort in korrigierter Weise vorgesprochen, also *Kuh* statt *Tuh*, um bei unserem Beispiel zu bleiben, so bildet sich ein neuer Kontakt in seinem Gehirn, der durch das häufige Nachsprechen/Wiederholen des Wortes immer dicker wird.

Sprechen lernen funktioniert also, indem das fast richtig ausgesprochene Wort des Kindes vom Erwachsenen aufgegriffen und in korrekter Weise wiederholt wird. Das Wort wird aus dem unklaren Geplapper ausgewählt und verfestigt (selektive Stabilisierung).

Fast 15 Prozent der Kinder unserer Gesellschaft sind sprachlich gestört – Tendenz steigend. Noch einmal 10% haben Sprachprobleme. Tendenz ebenfalls steigend. Viele Kinder zwischen fünf und vierzehn Jahren stottern, lispeln, kennen kaum 100 Wörter und können keine grammatisch korrekten Sätze bilden.

Ein Viertel des bundesdeutschen Nachwuchses kann demnach nicht richtig sprechen – und, fast noch schlimmer – nicht angemessen auf Sprache reagieren. Fordert man ein Kind zum Beispiel mit den Worten auf: *Hole mir die Holzeisenbahn von der Fensterbank*, und es kommt keine Reaktion, gilt es als sprachgestört. Die Amtsärzte erleben dies vermehrt bei den Kindervorsorgeuntersuchungen anlässlich der anstehenden Einschulung.

Wer sprachgestört ist und keinen funktionierenden Kommunikationsersatz wie Gebärdensprache beherrscht, der kann auch nur eingeschränkt denken. Denken und Sprechen/Kommunizieren hängen nämlich zusammen.

Wer ist schuld?

Weitgehend die sprachfaulen Erzeuger und deren Ersatzplapperer, mit denen die Kleinen ruhiggestellt werden: Handyfilmchen und der Fernseher. Denn letzterer kann zwar quatschen, aber leider nicht die Wörter des

Kindes aufgreifen, um sie in richtiger Aussprache zu wiederholen. Selektive Stabilisierung findet so nicht statt. Das kindliche fernsehgefütterte Hirn bildet also keine, zumindest nur wenige Synapsen, die dick genug sind, dass sich Wörter ordentlich verfestigen. Es wird sprachgestört.

Ein im Grunde ganz einfacher Tatbestand. Um das zu entdecken, benötigt man keine Sprachtests in den Kindergärten. Stattdessen fängt man besser sofort mit dem Miteinander-Sprechen an. Das erkennt nämlich jede Kindergärtnerin auch ohne Test, ob ein Kind altersgemäß spricht oder nicht.

Es ist ein Unding, dass oft eine einzige Kindergärtnerin 20 Kinder in einer Gruppe betreuen muss. Schadensbegrenzung kann sie vielleicht betreiben, aber mit Sicherheit hat sie für Sprecherziehung keine Zeit, denn das klappt nur in ganz kleinen Gruppen oder in Einzelbeschäftigung. Und beides müsste dringend zum Kindergartenalltag jedes Kindes gehören. Gut, dass es inzwischen Lese-Omas gibt, engagierte Damen, die regelmäßig ein- bis zweimal die Woche einem einzelnen Kind etwas vorlesen und sich anschließend mit ihm über das Vorgelesene unterhalten. Inzwischen gibt es solchen Einzelunterricht, denn es ist im Grunde nichts anderes, auch an Grundschulen. Ein Lob den Ladies, die hierfür ihre freie Zeit einsetzen. Vielleicht gibt's inzwischen ja auch Lese-Opas. Schon, damit Jungs sich mal mit einem Mann unterhalten können. Kindergarten und Grundschule sind nämlich fast reine Frauendomänen.

Im Grunde ist es beinahe gleichgültig, mit was für Schulsystemen Kinder ab der vierten Phase nach Erikson zurechtkommen müssen: Wenn die Grundlagen für das Gelingen von Kommunikation gelegt sind und also stimmen, kann alles andere darauf aufbauen. Doch kleinere

Klassen sind ein MUSS!
Wer richtig und gut sprechen kann, hat auch passende Argumente parat. Wenn er sich über jemanden aufregt, muss er nicht gleich zuschlagen, weil ihm buchstäblich die Worte fehlen. Aber das nur mal am Rande.

Kapitel 21

Wo bleibt denn nun das Glück?

Von seinem Ursprung her ist dem Wort *Glück* geblieben, dass es etwas Positives ist – die Frage ist nur, für wen. Was für ein Glück, wenn man egoistisch und unsensibel genug ist, den anderen kleinzumachen. Bereits die Kleinen trainieren erfolgreich im Kindergarten, wohin man zielen muss, damit es richtig weh tut. Und vor allem wann, damit es keiner der Erwachsenen mitbekommt und man mit Glück aus der Sache herauskommt, bis Mama geraderückt, dass der kleine Max halt wegen seines Temperaments schon mal bisschen überschäumende Kräfte entwickelt. Da sind die anderen selber schuld, wenn sie ihn ärgern. Ist doch wohl verständlich, oder? Einfühlungsvermögen? Schamgefühl?

Da macht man sich zum Opfer. Also bitte nicht. Schließlich sind Prominente auch kein Vorbild. Das geht von ganz oben nach ganz unten so. Und wo moralische Anwandlungen nur noch in Witzfiguren ausbrechen, hat das Wort *Glück* eben die Bedeutung, die ihm heute zukommt. Wenn ich schon unserer zunehmend kinderlosen Gesellschaft die nächste Rentenzahlergeneration aufziehe, dann aber bitte mit dem Vermögen, sich selbst zu verwirklichen, und mit einer Durchsetzungsstärke, dass dem Nachwuchs das Leben gelingen möge. Schließlich opfere ich für eine geraume Zeit mein Leitbild: Unabhängigkeit. Mein Selbst. Meine Art zu urlauben, zu genießen, zu shoppen, meine Hobbys. Und das alles gegen meine Natur. Nämlich den Geldbeutel.

Glück haben bedeutet auch, erfolgreich nach Geld zu

jagen, einen persönlichen Vorteil rauszuschlagen, den Dummen ohne Skrupel zu überholen und auszunehmen - ist er schließlich selber schuld. Haha! Und was lernen wir draus? Nur keine Skrupel zeigen, denn die Bestrafung, die meist eine überschaubare Bezahlung ist, wenn man überhaupt erwischt wird, ist vergleichsweise gering, Vorteil und Nutzen dafür hoch. Greifen wir zu und machen unser Glück.

Das war im Märchen noch irgendwie anders. Da machte nämlich der Dumme, der Jüngste, der Naive wie der Junge aus dem Eingangsmärchen sein Glück. Gutes Glück. Und zwar nicht hämisch, selbstsüchtig oder hintertrieben. Also nicht auf Kosten anderer.

Werde auffällig – dann nimmt dich einer wahr

Wann werden Kinder in einer Gesellschaft wie der unsrigen wahrgenommen? Wenn sie Krach und Randale machen, stehlen, Autos knacken oder einen Passanten totprügeln, irgendwo Spitzenleistungen bringen, als extrem frühe Fernsehobjekte vermarktet werden können. Gerne auch bei facebook oder auf youtube – Hauptsache man steht schon früh im Mittelpunkt. Allzu viele andere bleiben mit ihren Bedürfnissen irgendwie und irgendwo am Rand zurück. Mit ihrem Wunsch nach Aufmerksamkeit, nach Liebe, nach Interesse, nach Eltern mit Zeit für sie. Von daher ist das Unterrichtsfach *Glück* – und hier schließt sich der Kreis – längst überfällig. Und sei es zu dem Zweck, dass die Schüler wenigstens durchschauen, warum sie das Glück nicht finden kann.

Kapitel 22

Voll erwachsen

Der Berufsweg ist eingeschlagen, Entscheidungen über die nächsten Schritte werden getroffen, ein/e Lebensgefährte/in ist in Sicht. Wir befinden uns in Phase 6: Der Mensch ist erwachsen.
Entweder ist er jetzt bindungsfähig oder er wird vereinsamen (Isolation). Erikson setzt diesen Abschnitt des frühen Erwachsenenalters zwischen 20 und 45 Jahren an.

Es ist nicht gut, dass der Mensch allein sei

Entspricht das Selbstbild den eigenen Wunschvorstellungen von sich, so ist das eine gute Voraussetzung für eine tragfeste Partnerschaft (Intimität). Erikson drückt es aus als ein Sich-verlieren und Sich-finden im anderen: man will und kann sich dem Partner/der Partnerin öffnen.
Das geht nicht ohne Reibung. Kompromisse sind gefragt. Ebenso eine gute Portion Selbstaufgabe. Dazu kommen Streitkultur und Schlichtungsmanöver. Nicht zu vergessen: Diplomatie.
Obwohl Sexualität heutzutage deutlich früher stattfindet, wird in den allermeisten Fällen die Entscheidung für eine feste Bindung erst in dieser Phase getroffen. Allerdings haben wir heute eine Trennungskultur, die beweist, dass man nicht mehr wie früher geneigt ist, stillzuhalten, wenn sich Partnerprobleme häufen oder wenn sich jemand Passenderes findet. In den USA wird die Hälfte

der Ehen, in Deutschland jede zweite bis dritte Ehe ge-
schieden. Dazu kommen noch die Trennungen der Paare
ohne Trauschein. Trotzdem oder gerade deshalb hat die
romantische Verklärung des/der Einzigen Hochkonjunk-
tur, was nicht zuletzt die Unzahl an Liebesromanen mit
Happy End belegen.

Folgen von Einsamkeit

*Ich bin Weihnachten total gerne alleine. Diese blöden
Familientreffen sind voll ätzend. Überhaupt: Diese Gefühlsduselei ist nichts für mich.*
So die Antwort einer Freundin auf die Frage, was sie an
den Feiertagen vorhabe.
Ein einsamer Mensch hat keine stabile Ich-Identität ausbilden können. Einsame Menschen sind nicht zu ver-
wechseln mit denjenigen, die alleine leben (wollen) –
aus welchen Gründen auch immer. Denn zwischen Einsamkeit und Alleinsein ist ein riesiger Unterschied.
Mancher geht regelrecht in seinem Alleinsein auf, was
ja lediglich bedeutet, dass er keinen festen Partner/keine
feste Partnerin hat. Dafür hat er vielleicht einen festen
Freundeskreis, die Clique, den Verein, die Gemeinde.
Wirkliche Vereinsamung hat etwas Trauriges. Fast immer leugnen die Betroffenen, dass ihnen im Grunde etwas fehlt, dass auch sie ein Bedürfnis nach Nähe haben.
Insofern nehme ich der Freundin nicht wirklich ab, dass
sie an DEN Tagen des Familienfests gerne allein ist.
Diese spezielle Art von Abgrenzung wirkt leicht aufge-
setzt, weil man ungerne zugeben mag, dass man keine
grundsätzlichen Bindungen hat aufbauen können. Denn
man könnte der „Gefühlsduselei" und einer „ätzenden"
Seite der Familienzusammenkunft durchaus entgegen-
wirken. Es erscheint mir naheliegend, dass solche

Familienfestklischees lediglich dazu herhalten müssen, die eigene Einsamkeit plausibel zu überspielen. Denn der Klartext – ich bin alleinstehend, zu meinen Eltern/Geschwistern habe ich keinen Kontakt – kann sehr frustrierend sein.

Es gibt zahlreiche Überlegungen dazu, warum es nicht gut ist, dass der Mensch allein sei. Bereits das älteste Buch der Welt hat sich dazu Gedanken gemacht. Genesis 2, in Vers 24 steht: *Darum wird ein Mensch Vater und Mutter verlassen und an seinem Weibe hangen und werden die zwei ein Fleisch sein.* Die Bibel ist in Sachen Sexualität nicht prüde. Und Moses hat die Verhaltensweisen bezüglich Nähe auf den Punkt gebracht.

Besonders feinfühlig erscheint die folgende Darstellung eines lebbaren Mittelweges: *Man muss beides verbinden und miteinander abwechseln lassen, Einsamkeit und Geselligkeit. Die eine weckt in uns die Sehnsucht nach Menschen, die andere die Sehnsucht nach uns selbst."* *(Lucius Annaeus Seneca)*

Kapitel 23

Weit gekommen

Das Leben hat den Zenit überschritten. Der Mensch befindet sich zwischen 45 und 65 Jahren auf der vorletzten Stufe seines Seins. Nach Erikson ist ihm daran gelegen, die folgende Generation in die Lage zu versetzen, ebenfalls ein funktionierendes Leben zu leben.

Für die nächste Generation

Der ältere Erwachsene will weitergeben, was er an Erfahrung und Wissen gesammelt hat. Dieses Engagement für die Zukunft nennt Erikson *Generativität*, ein Begriff, der sich aus dem Wort *Generation* ableitet.

Dies gilt für viele Bereiche: Für soziales Miteinander, für Kunst und Musik, Politik, für die Wirtschaft. Für alles, was die nächsten Generationen genauso brauchen wie diejenige, die mitten im Leben steht und momentan weitgehend die Geschicke lenkt. Die Generation, die am Drücker ist, in Wirtschaft und Politik das Sagen hat, will für die Nachkommenden den Weg ebnen.

Damit auch die folgende Generation das Glück finden kann?

Greift Eriksons Modell in diesem Punkt heute noch?

Der Glückssuche im fortgeschrittenen Alter möchte ich besonders intensiv nachgehen, denn es ist die Frage nach dem, was in der unmittelbar folgenden Generation Bestand haben wird und haben sollte. Und es ist vor allem die Frage, was verändert werden müsste oder sich zwangsläufig verändert.

Die Kirche und damit der Glaube mit seiner umfangreichen Werteskala ist inzwischen wenig gefragt. Man wird das Gefühl nicht los, dass die Missbrauchsskandale zumindest der katholischen Kirche den Todesstoß verpassen könnten. Jedenfalls in einigen europäischen Ländern.

Der reale Sozialismus hat versagt, wie die DDR und das Zusammenbrechen des Ostblocks zeigen. Die Reaktion scheint eher gegenteilig, wenn man die Entwicklung zu Oligarchie und extremem Reichtum beobachtet, während die breite Bevölkerung zunehmend Probleme hat, die Miete zu erwirtschaften.

Ein menschliches und damit dem Glücksgefühl zuträgliches Arbeitssystem ist noch nicht entwickelt. Vor allem in akademischen Kreisen sinkt die Kinderquote weiter.

Müssen wir uns bescheiden? Wie kann man die Arbeit aufteilen? Auf welche Weise stopfen wir die immer größer werdenden Löcher im sozialen Netz? Wie schützen wir das Heer von Arbeitslosen davor, dass die Betroffenen regelrecht vergammeln, weil sie sich zu nichts mehr aufraffen können? Und was ist mit den Leuten, die trotz guter Ausbildung ihren Job hinwerfen, weil sie einfach nicht mehr wollen? Nicht mehr können? Keinen Sinn in der täglichen Plackerei sehen, was nichts anderes heißt, dass ihnen das Glück entwischt ist? Und was ist mit der Unentschlossenheit der jungen Generation in puncto Bindung, Familie, Berufswahl? Hat die ältere Generation versagt, wenn sie ihren Kindern einen unüberschaubaren Pool an Möglichkeiten offeriert und diese völlig überfordert nicht mehr in der Lage sind, sich zu entscheiden?

Hannah im Glück

Gerlind macht sich schick. Es ist Anfang Juli, das Wetter richtet sich nach dem Kalender und sie ist zu einer Grillparty eingeladen. Auf ein alternatives Fest, wie Gudrun vage angedeutet hat. Dabei lachte sie ungewohnt merkwürdig, rückte aber nicht mit der Sprache heraus, sondern sagte nur: „Überraschung."

Gerlind steht neben ihrem Kleiderschrank, sechstürig, zieht den Bauch ein und schließt die Jeans. Nie wieder in den Trockner mit dem Teil, schwört sie sich, greift das neue Top in der neuen Farbe und der neuen Länge, allerdings auch in der angesagten Enge, blickt in den Spiegel und sagt: *Scheiße*. Sie kneift in die weichen Butterpäckchen – da, wo früher mal die Taille saß. Das bleibt nicht aus, wenn sich frau jahrelang den Hintern platt sitzt, um auf den Bildschirm zu starren und als Controller in einer namhaften Bekleidungsfirma endlose Zahlen- und Produktreihen zu lesen, denkt Gerlind und ist ernsthaft sauer. Auf den Job? Auf das ungesunde Essen in der Kantine? Auf den Cappuccino danach, eine Handvoll Amarettinis auf der Untertasse? Auf das Zuviel an Arbeit, das man nur kauend aushält? Und abends mit einem Weinchen wegspülen muss? Dabei geht sie zweimal die Woche ins Fitnessstudio und joggt jeden Mittwoch in einer Frauengruppe. Anschließend Tapasbar. Sind ja nur kleine Schälchen mit übersichtlich angeordneten Leckereien. Da probieren sie dann reihum, tunken knusprig aufgebackenes Baguette in delikate Saucen und stecken Spießchen mit Oliven, garniert mit einem Hauch von Parmesanscheiben in die Münder.

„Magst du etwa deinen Job nicht mehr?" fragte Gudrun, als sie sich vor vierzehn Tagen zufällig in der Stadt trafen, Gerlind über dies und das an ihrem Arbeitsplatz stöhnte und dabei in einer der hinteren Hirnhemisphären

Gudruns ausgebeulte Hose mit Taillengummizug wahr-
nahm.

„Doch, klar mag ich den Job. Schon deshalb, weil ich ihn
überhaupt habe."

Dieser Moment war es, als Gudrun dieses merkwürdig
schräge Lächeln aufsetzte, so eine spezielle Art zu grinsen, halb mitleidig, halb spöttisch. Dabei steckte sie die
Hände, neuerdings Arbeitshände, in die Hosentaschen.

Klar, dass Gerlind jetzt gespannt ist, zumal die Fete nicht
auf Gudruns Dachterrasse stattfinden soll, sondern im
nahe gelegenen Ostbelgien. Gerlind wirft sich eine farblich passende Bluse über das Shirt, unter dem ein Bauch-
weg-Top seinen Dienst aufgenommen hat. Sie stellt sich
kerzengerade hin, zieht den Bauch zusätzlich zu dem
drückenden Top rein, lächelt ihr Spiegelbild an, grim-
mige Entschlossenheit im Blick, findet sich mit dem
Tarnüberwurf von Weit über Eng über noch enger ab
und kramt ihren Autoschlüssel aus der Schublade. Sie
verlässt ihre aufgeräumten, geputzten 85 Quadratmeter,
registriert zufrieden, kein Stäubchen auf dem schwarzen
Fantoni, der Laptop im Zentrum, Mauspad rechts und
links die Lichtquelle, ein Metallarm Chrom gebürstet.
Sie begibt sich in die Tiefgarage, um ihren BMW, einen
Jahreswagen direkt vom Werk, herauszupuzzeln, ihn
durch die belebte Samstagabendstadt zu schieben, bis sie
auf der Landstraße ist und dort entlangfährt, wo ihr Navi
sie hinleitet.

Nach einer Viertelstunde biegt sie, ohne weiter auf das
sonore Navi-Geschnatter zu achten, sondern so, wie es
ihr Gudrun erklärt hat, in einen Feldweg ab und parkt als
letzte in einer Autoreihe knapp neben einem Graben.
Schon beim Aussteigen überkommt sie dieses komische
Gefühl, am falschen Platz zu sein. Der gesamte Auto-
konvoi besteht aus abgetakelten Schätzchen, deren

Inhaber aus irgendeinem unerfindlichen Grund die Abwrackprämie des Jahres 2009 verpasst haben. Unsicher betrachtet Gerlind ihren BMW und überlegt, sich rückwärts wieder vom Acker zu machen, wörtlich genommen, als ein Bulli, den jemand aus einer Nostalgie-Werbung für ein Ökoprodukt geschubst haben muss, den Feldweg entlangrappelt und dicht hinter ihr anhält. Der Rückweg ist ab sofort abgeschnitten.

„Fährt heute ja eh keiner mehr weg", sagt ein übrig gebliebener Kommunarde aus den frühen Siebzigern mit zusammengebundenem Haar, das aus überhoher Stirn sparsam und grau aus dem Haupt hervorsprießt. Er lächelt Gerlind unglaublich breit an, knallt die Türe zu, geht um das Gefährt herum, um die Bustüre mit ihrem unnachahmigen Schiebegeräusch zu öffnen, eine Kiste Bier zu ergreifen und mit Schwung die Türe wieder zuzuschieben. „Kannst mit in meinem Bus pennen, wenn du willst", sagt er und geht wie selbstverständlich neben Gerlind her. Die gerät ins Schwitzen, flucht innerlich auf das Trio von Top, Shirt und Tarnbluse, und stolpert mit ihren Keilabsätzen Richtung – ja, wohin eigentlich?

„Wo findet denn die Party statt?", fragt sie den Mann, der sich ihr als Ludwig vorstellt.

„Sag bloß, du warst noch nie im Bauwagenblock."

Natürlich war Gerlind noch nie im Bauwagenblock. Was sollte das überhaupt sein? Wäre es nicht ihre schräge Freundin Gudrun gewesen, die sie eingeladen hat, sondern zum Beispiel ihre Kollegin Miriam, würde sie jetzt erwarten, dass in einem Neubaugebiet, dessen inoffizieller Zufahrtsweg, eine Abkürzung durchs Feld, noch nicht befestigt ist, eine zünftige Bauwagenfete angesagt sei. Gewissermaßen als Unterkunft für ein groß angelegtes Richtfest. Aber Ludwig, sein schütterer Zopf und seine Kleidung, die sich jeder Label-Zuordnung entzog, dazu die parkende Altautoschlange, erzählten eine andere Geschichte, an deren Ende Gerlind der alttestamentarische Satz aus dem 3.Buch Moses, Kapitel 25, nicht mehr aus dem Kopf ging: Sechs Jahre sollst du dein Feld besäen. Aber im siebten Jahre soll ein Sabbat der Ruhe für das Land sein.

Wie dieser Satz in ihren Kopf hineingeplatzt ist?

Gerlind stolpert im Schlepp von Ludwig in eine Spätachtundsechziger Habenichtsfete. Gudrun hat nämlich kürzlich Hans-Dieter kennengelernt. Da hatte er noch kurze Haare, eine Art Scheitel, steckte im Anzug, trug nicht nur Krawatte, sondern auch Socken, untergebracht in ordentlichen Schuhen, das Ganze farblich aufeinander bezogen. Von diesem Beziehungsreichtum sind in ausgewaschenem Blau Jeans und Hemd übrig geblieben. Die Füße mit Nägeln, die wohl schon länger nicht mehr als gepflegt durchgehen, stecken in unglaublich ausgelatschten Sandalen.

Und die anderen Gäste?

Es ist ein Sommerabend, also lange hell, sodass Gerlind ausgiebig Gelegenheit hat, die durch andauerndes herzliches Lachen gebleckten Fassaden zu studieren. Da gibt es vollständige Schneidezähne, die von einer Mundhygiene innerhalb der letzten sechs Monate zeugen. Und es gibt die anderen. Hans-Dieters Beißer gehören zu den anderen. Nach zwei Gläsern Wein fragt Gerlind ihn, seit wann und warum und überhaupt. Hans-Dieter beschreibt daraufhin sein früheres Berufsleben in einer Softwareschmiede, sein Haus, seine Reisen, seine Autos, seinen Ausstatter, seinen Anwalt und seine Ex. Vor drei Jahren die Sinnkrise, kurz vor seinem sechzigsten. Aha, verspätete Midlifecrises, denkt Gerlind, aber da sagt Hans-Dieter, dass es etwas Grundsätzliches gewesen sei. Er habe nämlich mit einem Mal das Gefühl gehabt, etwas wirklich Entscheidendes erledigen zu müssen. Sozusagen unaufschiebbar.

„Und was war das?", fragt Gerlind.

„Nichts."

Wie er dieses Nichts inszeniert habe und vor allem warum. Hans-Dieter erklärt daraufhin, er sei völlig ausgelaugt gewesen, habe sich runterfahren wollen. Das habe aber nicht geklappt, weil es der Alltag nicht zuließ. Daraufhin habe er seiner Chefin eröffnet, er wolle ein Jahr Auszeit nehmen. Sie habe ihn angestarrt, als stünde sie vor einem idiotischen Mondkalb, habe aber nach zähen Verhandlungen einem Sabbatjahr zugestimmt.

Und dann? Dann sei er verreist – hierhin und dorthin – wo man halt so hinfährt beziehungsweise -fliegt, wenn man einiges angespart hat. Auf Fuerteventura sei ihm dann Charlotte über den Weg gelaufen, Aussteigerin und Frau seines Lebens. Im Moment leben sie hier. Bitte wo? In dem dritten Bauwagen von links. Und zwar im zweiten Jahr. Im Winter zögen sie in einen Bauernhof ganz in der Nähe, wo sie sich rund ums Jahr an der Arbeit beteiligen. Und dann rückt Hans-Dieter mit dem alttestamentarischen Vorsorgeprogramm heraus, das er von Charlotte, im früheren Leben Religionslehrerin, kennengelernt habe. Augenzwinkernd setzt er Gerlind auseinander, dass Moses auch schon wusste, dass ständige Maloche der Fruchtbarkeit eher abträglich sei. Dabei grinst Hans-Dieter breit ausgemessen und präsentiert einen abgebrochenen, angebräunten Schneidezahn, während er anhebt: „Es war einmal ein Junge, der hieß Hans."

Gerlind lauscht dem Märchen über den Glückspilz in dem Gefühl, es noch niemals zuvor so spannend und in ganz aktueller Variante erzählt bekommen zu haben, denn der glückliche Hans kehrt am Ende in seiner Mutter Bauwagen zurück.

Dass es bei schlechtem Wetter in so einem Bauwagen ganz schön öde sein kann, behält der Aussteiger im Moment für sich. Und dass er sich heimlich doch manchmal Gedanken macht, wie es sein wird, wenn er älter ist, Bauwagen und Rheuma sich nicht vertragen und ihn die Sehnsucht nach Dusche und Klospülung überwältigt. Gerlind mag ebenfalls an diesem schönen Sommerabend nicht darüber nachdenken. Sie tanzt auf der Party ihres Lebens, wirft schon nach dem ersten Lied die Tarnbluse ab, verschwindet nach dem zweiten Lied hinter einem Bauwagen und zerrt dieses verdammt enge Top vom Leib und fühlt sich in dem übriggebliebenen Shirt märchenhaft. Sie ist Hannah im Glück.

Jetzt!

Gegen Mitternacht ist sie ziemlich blau und wacht gegen elf Uhr vormittags tatsächlich in Ludwigs Bulli auf, lauscht seinen Ausführungen über seine Ehe, die sein voriges Leben aufgebraucht hat, und über die fremdbestimmende Arbeitswelt unserer fortschrittsgläubigen Zivilisation, die sein Leben Jahrzehnte lang zerbröselte. Ein bisschen Marx hat er auch noch drauf. Dabei schlürft Gerlind Ludwigs aufgebrühten Kaffee schwarz mit ihm gemeinsam aus einer angebeulten Weißblechtasse, deren Henkel abgebrochen ist.

Zurück in Ihrer Wohnung, Miete vierstellig, springt Gerlind zu ungewohnter Tageszeit unter die Dusche und gerät in eine wilde, unkontrollierte Grübelei, an deren Ende sie ihre Gedanken streng bündelt. Donnerstags hat sie zwischen Büroschluss und Rückenschule noch einen Zeitpuffer. Sie kommt zu dem Schluss, einen Yogakurs zu buchen. Für die Zukunft verbietet sie sich derlei Feten. Aber in einem schwachen Moment kauft sie sich dann doch diese CD, auf der die Woodstock-Veteranen verewigt sind, auf die sie, Freedom, so steht. Und manchmal, Djingo, tanzt sie in ihrer Wohnung, lächelt das Cover mit dem jugendlichen Carlos Santana an. Auf Socken ist sie, die Lamellen vor den Bodenfenstern sind schräg nach oben gekippt …

(May/Kricheldorf: Nicht nur Mord. Unalltägliches aus dem Alltag. 2010)

Kapitel 24

Runterfahren

Immer mehr Menschen blicken auf ihren auslaugenden Alltag und fragen sich, was das für ein Leben ist, das sie da führen. Nicht wenige legen dabei einen resignierten Ton in ihre Stimmlage. *Soll das jetzt noch dreißig Jahre so weitergehen? War es das, was ich mir vorgestellt habe?*

Die Geschichte über Gerlind zeigt Aussteiger, die sehenden Auges dem Wohlstand Adieu sagen, weil sie in ihrem hektischen Leben nicht mehr wirklich selber vorkommen. Sie leiden darunter, dass sie bloß noch funktionieren und sind weit davon entfernt, der nächsten Generation die landläufigen Wertvorstellungen von Arbeit und Besitzanhäufung weiterzugeben. Es sind moderne Sinnsucher, die sich nicht länger von der Wirtschaft ihr Leben diktieren lassen wollen. Und sie möchten nicht mehr der Sklave ihres Terminkalenders sein. Das Glück hat gute Chancen, diese Leute zu erwischen.

Des Menschen guter Engel ist die Zeit, sagt der Schriftsteller Theodor Fontane in seinem Roman *Unwiederbringlich*. Dieser Engel hilft, Wunden zu heilen. Er lässt einen Abstand gewinnen. Im Fall der modernen Sinnsucher gestattet er dem von Hast geschüttelten Bürger einen Termin mit sich selbst.

Ein Termin mit mir selber

Kinder möchten schnell erwachsen werden. Sie verbinden diesen Zustand mit Freiheit, eigenem Geld,

Wegfall von Geboten. Sie hassen Sätze wie: *Die Kindheit ist die schönste Zeit.*

Wie kommen die Erwachsenen bloß auf diesen Satz? Es
kann nur einen Grund dafür geben: Erwachsene fühlen
sich vom Glück betrogen. Der Alltag frisst sie auf. Aus
diesem Grund finden sie ihr Kinderleben im Nachhinein
großartig. Sie erinnern sich an Spiel, in den Tag hinein
leben, Freizeit. Und das alles ohne Verantwortung.

Statt einen Termin mit sich selber zu machen, an dem
Gerlind aus der Geschichte *Hannah im Glück* für Wesentliches Zeit hat – nämlich für *Nichts* – flüchtet sie in
ein weiteres Programm, das von nun an zusätzlich ihren
Terminkalender belastet. Es ist eine Flucht vor der Re-
flektion ihres Lebens, davor, den bisherigen Lebensent-
wurf zu hinterfragen. Denn das könnte eine grundlegende Veränderung bedeuten.

Und damit steht sie nicht alleine.

Man kuriert nur an den Symptomen

Es gibt Menschen, die wollen ihre leere Lebensbatterie
mit einem Klosteraufenthalt wieder aufladen. Wohl gemerkt: ohne jeden religiösen Bezug. Für einen kurzen
Zeitraum machen sie auf bescheiden und unüberfrachtet
und tun so, als ob eine kurzfristige innere Einkehr, die
als Programmpunkt künstlich geschaffen wird, neue
Sinnhaftigkeit für den Alltag stiften könnte. Damit will
der ausgelaugte Mensch typische Symptome bekämp-
fen, die mit langanhaltendem Stress einhergehen. Die
Ursachen aber diktieren Arbeitsmarkt und Unterhal-
tungsindustrie. Und auf die wird nicht reagiert.

Warnungen werden in den Wind geschlagen

Kennst du den Film *Wir sind die Neuen?* Er ist unbedingt sehenswert und passt exakt ins Thema.

Aus unterschiedlichen Gründen schwingen sich eine Frau und zwei Männer, alle um die sechzig Jahre alt, zum Revival ihrer ehemaligen Studenten-Wohngemeinschaft auf. Die drei ziehen in einen Altbau. Bald kommt es zu Querelen mit der Gegenwarts-Studenten-WG ein Stockwerk höher. Überspitzt präsentieren die Jugendlichen, sie sind ebenfalls zu dritt, den Zeitgeist: Sie leben einen „ordentlichen", durchstrukturierten und von Studienarbeit, sprich, Lernerei bis zum Abwinken, diktierten Lebensstil vor. Hören die Oldies eine Etage tiefer zu laut Musik, beschweren sie sich. Werden sie von der angehenden Rentnergang eingeladen, lehnen sie ab, weil ihnen dazu die *zeitlichen Kapazitäten* fehlen (Lach!). Das Leben der jungen Menschen erscheint freudlos und krisenanfällig, wofür in erster Linie der Leistungs- und damit verbundene Zeitdruck verantwortlich sind. Schon wegen der Dialog-Komik und der trotz aller Überzeichnung treffenden Charakterstudien beider Generationen sollte man diesen Film nicht verpassen.

Bisher sind es nur wenige, die gehört werden, wenn sie vor der Unmöglichkeit warnen, immer weiter auf Wachstumssteigerung in der Wirtschaft zu setzen. So ist langfristig nicht mit einer vernünftigen Veränderung des in großen Teilen unzumutbaren Auswring-Kapitalismus zu rechnen. Unzumutbar heißt in diesem Fall, der biologischen Ausstattung des Menschen abträglich.

Aus Angst um den Schulerfolg, Ausbildungserfolg, Arbeitsplatz nehmen wir jede Menge Medizin. Das vor Jahren propagierte Arbeitsplatz-Teilen (Job-Sharing) bleibt die Ausnahme.

Sicher haben unsere Vorfahren hart gearbeitet – vor allem,

als noch kein Maschinenpark zur Verfügung stand. Aber die heutigen Ansprüche zerren durch ihre Vielfalt an der Psyche des Arbeitnehmers. Er muss ständig entscheiden, was am dringendsten erledigt werden muss. Durch diese permanenten Entscheidungen und Entscheidungsnöte verstärkt sich das Gefühl von Druck und Anspannung. Und genau das ist die Bedeutung von Stress. Das Glück hat bei Dauerstress kaum eine Chance, uns zu erreichen. Auf der legendären Bauwagenfete hat Gerlind kurzfristig gespürt, wie das *Es* an ihr gezogen hat, sie von ihrem strengen *Über-Ich* befreien wollte, weil es dieses Zuviel von allem nicht mehr will. Auch nicht das Zuviel an Freizeitaktivitäten. Gerlinds *Es* will Muße ohne begrenzende Termine.

Aber um einen Ausgleich zur Arbeit zu schaffen, füllen die meisten noch die letzte freie Minute mit *Salsa-bis-zum-Umfallen, Lauftraining, Portraitmalen* und einem Theaterabo. An sich sind sportliche und kulturelle Aktivitäten etwas Schönes und Sinnvolles. Sie verschaffen Genuss. Aber man braucht Muße, damit sie nicht als zusätzliche Zeitfresser und Termindrücker an einem zerren. Muße ist längst Mangelware. Also hält sich der Genuss an einem schönen Konzert unter Umständen in Grenzen. Vor allem, wenn der Zuhörer gegen das bei ihm anklopfende Schlafbedürfnis kämpfen muss …

Das Wort *Muße* wird heute durch das Wort *Zeitressourcen* ersetzt. Passend zu unserer Geschäftswelt ein geschäftliches Wort. Mit ihm wird ausgedrückt, dass Zeit, die jemand einfach nur übrig hat, ein besonderer Luxus ist. Sie ist nicht umsonst zu haben. *Wir sind die Neuen* führt das meisterhaft vor.

Längst verdienen Leute Geld damit, anderer Leute Termine, Berufsziele, Entscheidungen zu *coachen*. In dem besagten Film coachen die Oldies bald die im wörtlichen

Sinn hoffnungslosen Studenten, die völlig überfordert einem unüberschaubaren Alltag ausgeliefert sind. Und das machen sie mit Erfolg.

Darf es etwas weniger sein?

Okay. Bauwagen wie der von Hans-Dieter ist wirklich nicht jedermanns Sache. Aber es gibt diese Leute, die sich trauen, den Konflikt zwischen eigenem Anspruch an ein entspanntes Leben und der Übermacht der Rollenerwartung auf ungewöhnliche Weise zu lösen. Sie drosseln das mörderische Tempo in ihrem Leben, schalten es ein paar Gänge herunter und die Fernsehwerbung ab. Sie hören mit der Schnäppchenjagd auf, verticken ihre Yacht und die Ferienwohnung in der Toscana und befreien sich von überflüssigem Kram. Sie haben nämlich keine Lust mehr, die ganzen Dinge, mit denen man sich umgibt, aufzusuchen, zu pflegen, zu unterhalten, sie zu verwalten, ihnen einen Platz in ihrer Wohnung, auf ihrem Grundstück und in ihrem Gehirn einzurichten. Denn oft wollen sie nicht einmal mehr darüber nachdenken, was als nächstes mit den angehäuften Konsumartikeln zu geschehen hat, wer sie in Ordnung hält, wo man sie unterbringen kann usw. Und vor allem haben sie keine Lust mehr, rund um die Uhr für genau diese Dinge zu arbeiten, während ihnen Freundschaften im unerbittlichen Takt der Uhr zerbröckeln wie altbackene Brötchen vom Vortag.

Sie wollen keine Büroarbeit mehr mit nach Hause nehmen, um sie noch abends und am Sonntag auf dem Computer zu erledigen. Sie wollen Zeit.

Dafür verzichten sie auf einen Teil des Geldes. Sie suchen sich bescheidenere Jobs, ziehen raus aus der teuren Stadt und haben keine Lust mehr auf das Totschlagen von Freizeit. Jedenfalls nicht durch Shopping und das Putzen des Segelbootes, das sie wegen fehlender Zeitressourcen schon lange nicht mehr fahren können. Denn nur Freizeit im wahrsten Sinne des Wortes hat Wert: als *freie Zeit*!

Kapitel 25

Findhorn

Christian besucht einmal im Jahr seine Eltern in Hannover. Das geht inzwischen einigermaßen problemlos, weil sich die Eltern daran gewöhnt haben, dass ihr Sohn ein Aussteiger ist. Das Bündel aus Schimpf und Schande, familiären Auseinandersetzungen und Enterbungsandrohungen hat sich aufgelöst.

Vor acht Jahren sind die Eltern vom Glauben gefallen, als Christian mit Beate anrückte. Beate war samt Gitarre und Akkordeon anlässlich einer Veranstaltung eines Singkreises gerade aus Schottland eingeflogen, und Christian wollte sich drei Wochen später mit ihr nach Findhorn aufmachen, einem Ort an der Küste der Findhorn Bucht.

Die Findhorn-Foundation

Wenn du Genaueres über dieses ungewöhnliche Lebensmodell wissen möchtest, vertiefe dich in das im Folgenden Gerahmte und schüttel den Kopf oder staune ein bisschen vor dich hin. Ansonsten gilt wie für alle Storys in den Kästchen: Einfach überschlagen.

Eileen Caddy (1917-2006) gründete zusammen mit ihrem zweiten Ehemann Peter Caddy und einer Frau namens Dorothy Maclean die Findhorn Foundation.
Eileen Caddy habe in einer ihrer Meditationen eine Stimme vernommen, die sie als Stimme Gottes ausgemacht habe, und sie sei sich sicher, dass diese Stimme in

jedem Menschen und Wesen verborgen sei. In der Meditation auf Gott hörend verließ sie Mann und Kinder, lernte Peter, der dem positiven Denken nahe stand, und Dorothy kennen. Mit ihnen versuchte sie, durch Meditation und Kontakte mit der geistigen Welt diese mit dem irdischen Alltag zu verbinden.

1957 übernahmen die drei zunächst ein Hotel im Norden Schottlands. Nach dessen Aufgabe lebten sie ab 1962 in einem Wohnwagen auf einem Campingplatz bei Findhorn. Ein Jahr später bauten sie neben dem Wohnwagen eine Unterkunft für Dorothy Maclean. Spirituelle Weisungen veranlassten die drei, mit den geheimnisvollen Kräften und Wesen, die jede Pflanze in sich birgt, den Naturgeistern (*Devas* – altindisch für Gottheiten) Kontakt aufzunehmen. Als trotz sandiger Erde die Kohlköpfe und andere angebaute Pflanzen über die Maßen gediehen, sahen die drei sich auf dem richtigen Weg. Sie hatten es geschafft, liebevoll den Kontakt zu der Pflanzenwelt aufzubauen.

Größe und Qualität der angebauten Pflanzen riefen und rufen auch heute noch zahlreiche Wissenschaftler auf den Plan, die untersuchen, wie ohne Dünger auf dem kargen Boden jener Gegend solche Prachtexemplare gedeihen können.

(Vgl. z.B.: Eileen Caddy: Flug in die innere Freiheit (Autobiographie der Mitbegründerin der Findhorn-Gemeinschaft). Greuth Hof Verlag 2002)

Sinnsucher/innen

Den Alltag im Einklang mit den göttlichen Kräften in allen Dingen und Wesen zu meistern, fasziniert Scharen von Besuchern. Sie fühlen sich von der *Findhorn Gemeinschaft* magisch angezogen. Schon die an Elfen und Feenlandschaft erinnernden Bilder machen, dass man gerne einmal in so eine altmodisch überschaubare Ländlichkeit abtauchen mag.

Längst ist nicht mehr von einem Experiment die Rede. Und es geht auch nicht nur um spirituellen Ackerbau und göttliche Gartenarbeit. Die Göttlichkeit wird in allen Lebensbereichen und Tätigkeiten gesehen und erlebt. Sie gilt als *das* Geheimnis des in Findhorn so überaus befriedigenden Daseins, das die Bezeichnung *Glück* in vollem Umfang zu verdienen scheint. Sie schwebt wie ein guter Engel über dem engen Zusammenleben seiner Bewohner.

Es gibt Töpfer-, Weber- und Schreinerwerkstätten. Die Gemeinschaft hat sich zu einem Zentrum für geistige Erziehung und Kultur gemausert.

Die Energieversorgung ist von ökologischen Gesichtspunkten geprägt: Es gibt Windkraftwerke, Sonnenkollektoren, Strohisolierung für sehr individuell und gemütlich aussehende Häuser. Wenn du jetzt an eine Idylle denkst, liegst du richtig.

Etwa 400 bis 500 Menschen leben dort dauerhaft zusammen. Die weiterhin wachsenden Besucherströme werden in Kursen gut organisiert und bei mehrwöchentlichen Aufenthalten sowohl in das tägliche Arbeitsleben als auch in die Spiritualität eingegliedert. Damit räumt man ihnen die Chance ein, ihr Leben spirituell und ganzheitlich wahrzunehmen.

Auch Christian lebt dort.

Nicht als Lehrer, wie er sich einige Jahre in Hannover wacker, aber in dem Gefühl von Fremdbestimmtheit, Hamsterrad, Aussichtslosigkeit und Überlastung geschlagen hat. Auch nicht auf dem finanziellen Level mit schicker Wohnung, Auto und allem Drum und Dran. Also mit dem üblichen Wohlstandskram, der lästig, aber nicht wegzudenken ist. Dafür inzwischen mit Daina, ihrem Sohn und jeder Menge spiritueller Leute, die ebenfalls dem kapitalistischen Realismus und damit seinen „Tugenden" wie Konsum, Lebensversicherungen und Wettbewerb den Rücken gekehrt haben.

So hat Christian das Himmelreich in sich selber gefunden, ist mit der Erde und der Natur eins geworden, nachdem er die Lebensfreude und den Frieden der Leute aus der Findhorn Gemeinschaft auf sich hat wirken lassen – zuerst noch im Schlepp von Beate.

Nachdem er erst einmal alles, was ihm bislang scheinbar wichtig gewesen war, aufgegeben hatte, war es für ihn ein Leichtes, sich der Lebensphilosophie besagter Gemeinschaft, der ältesten bestehenden Community aus den sechziger Jahren, zu verschreiben.

Dass die *Findhorn Gemeinschaft* kein Paradies ist, in dem einem die gebratenen Tauben in den Mund fliegen, hat er zwar zu Hause immer wieder betont, aber begriffen haben es seine Eltern nicht.

Er hat gelernt, dass die tägliche Arbeit in der Gruppe die Chance bietet, einander näher zu kommen, sich selbst zu erfahren und die eigenen Grenzen zu akzeptieren. Und wie erfüllend es ist, sich von dem zu ernähren, das man selber mit angebaut hat. *Zurück zu den Wurzeln* darf man hier ruhig wörtlich nehmen. Und dass das WIE entscheidender ist als das WAS – und zwar in allem, was der Mensch tut. Denn alles, was getan werden muss, soll mit Liebe und Respekt getan werden. Klingt wie nicht von dieser Welt, nicht wahr?

Nun arbeitet Christian, der zuvor noch nicht einmal den elterlichen Rasenmäher angerührt hat geschweige denn Unkraut von Kraut unterscheiden konnte, im Garten und auf den Feldern des Wohnortes seiner Wahl und lebt ganz anders als zu dem Zeitpunkt, als er noch gewohnt war, an allem und jedem zu zweifeln.

Ein ideologischer Überbau

Findhorn zeigt Folgendes: Es gibt sie tatsächlich: Alternativen zum Wirtschaftswachstum des kapitalistischen Realismus'. Diese Alternativen versprechen nicht das Glück – sie leben es. Aber es gibt sie nicht ohne ein geheimes Motto. Anders ausgedrückt: Ohne einen wie auch immer gearteten ideologischen Überbau kann man den herkömmlichen Alltag nur schwer ersetzen.

So ein Überbau reicht von Religion über Esoterik bis zum Sektierertum, was alles ineinander übergeht/übergehen kann. So scheint sich der existentialistische Ansatz im Denken zu bewahrheiten: Das Leben erhält den Sinn, den wir ihm geben. Wir legen ihn in diejenige Form des Daseins, die am besten zu uns passt. Das bedeutet, dass das, woran wir glauben, zum Erleben wird. Gleichgültig, ob es sich um eine Weltreligion handelt oder ob wir eine spezielle Form des Daseins zu unserem Lebensinhalt erheben.

Findhorn ist hierfür ein Beispiel. An ihm wird deutlich, dass esoterische Gemeinschaften dem gesamten Leben eine Art Göttlichkeit geben, die das bis dahin problematische und unbefriedigende Dasein des nach Alternativen suchenden Menschen in Harmonie aufgehen lässt.

Klar, dass es in Findhorn sehr liebevoll und naturfreundlich, eben doch ein bisschen paradiesisch zugeht. Leute,

die dort gewesen sind, bestätigen dies. Herkömmlich betrachtet haftet dem Ganzen etwas von Alltagsflucht und Insel der Glückseligen an. Auf der anderen Seite: Was spricht eigentlich gegen Inseln und ihre Bewohner? Und sei es nur für einen begrenzten Zeitraum?
Wieder eine dieser Fragen, die jeder für sich selber beantworten muss.

Kapitel 26

Alltagsdauerglück

Nur wenige steigen komplett aus – so wie die Bauwagenbewohner aus der Geschichte um Gerlind und Ludwig, oder Leute wie Christian, Beate und Daina, die sich ganz und gar der Findhorn-Foundation verschrieben haben.

Manche nehmen eine zeitlich begrenzte Auszeit, was sinnvoll erscheint, um das Leben danach bewusster anzugehen. So, wie jemand, der erst einmal eine Woche lang fastet, um anschließend konsequent seine Ernährung umzustellen.

In einem heruntergeschalteten Leben (Downshifting) muss man nicht mehr alles haben, was man sieht. Die Dinge werden auf ihre Sinnhaftigkeit abgeklopft. Nicht nur den die Wohnungen überschwemmenden Kram, sondern allgemein Besitz im Überfluss begreift man als in hohem Maße hinderlich, weil er gelagert, gewartet und gepflegt werden muss – siehe oben.

Und was noch wichtiger ist: Man wird eine Menge Verantwortung los, wenn man nicht an vorderster Front ackern muss. Die kriegerische Sprache (*Front*) untermalt, was es heißt, eine Firma, ein Unternehmen ans Laufen zu bringen beziehungsweise am Laufen zu halten: Kampf bis zum Umfallen.

Findhorn kann hierzu als Beispiel dienen, wie es sich anfühlt, anstelle des Einzelkämpfertums in der Gruppe aufzugehen und sich auf das zu konzentrieren, was man zum Leben notwendig braucht. Dass bei einem solchen Modell unglaublich viel Ballast wegfällt, liegt auf der

Hand.

Unser normaler Alltag ist allerdings von anstrengender und dauerhafter Besitzstandwahrung geprägt.

Auch hierzu haben die Gebrüder Grimm ein Märchen aufgeschrieben: *Hans im Glück*. Hier die Kurzfassung: Als Lohn für sieben Jahre Arbeit erhält Hans von seinem Herrn einen Klumpen Gold in der Größe eines Kopfes.

Diesen schleppt er eine Weile mit sich herum, tauscht ihn, als er einem Reiter begegnet und selber gerne auf dem Pferd säße, gegen das Pferd. Wenig später tauscht er das Pferd gegen eine Kuh, die Kuh gegen ein Schwein, das Schwein gegen eine Gans und die Gans gibt er für einen Schleifstein mit einem einfachen Feldstein her.

Er handelt jeweils in dem Glauben, bei jedem Handel die einzig wahre Entscheidung getroffen, mit anderen Worten, jedes Mal ein gutes Geschäft gemacht zu haben. Sozusagen ein Schnäppchen. Nach jedem Eintauschen fühlt er sich leichter – und zwar in wörtlichem Sinn, bis ihm zuletzt die Steine, die er sich eingehandelt hat, beim Trinken in den Brunnen fallen. Nun restlos erleichtert ist er davon überzeugt, mit einer Glückshaut geboren zu sein. Er betrachtet sich als absolutes Sonntagskind und läuft von aller Last befreit nach Hause zu seiner Mutter.

Der Wert der Dinge

Wirtschaftlich betrachtet ist Hans ohne Frage ein Volltrottel. Er lässt sich jedes Mal auf die von seinen dubiosen Geschäftspartnern angepriesenen Vorzüge des Objekts seiner momentanen Begierde ein. Ähnlich wie ein Schnäppchenjäger. Doch er ist jedes Mal heilfroh, das neu Eingetauschte bald wieder los zu sein, weil es irgendeinen Haken hat.

Als Junge mit einer Glückshaut ist er es gewohnt, positiv

zu denken. So kommt es ihm nicht in den Sinn, übers Ohr gehauen worden zu sein. Es geht ihm um das momentane Gefühl – nicht um den Besitz. Am Schluss erkennt er, dass all sein Besitz ihm schon nach kurzer Zeit beschwerlich ist. Er ist ihm ganz einfach hinderlich, weil jedes Teil dem Gefühl, frei zu sein, im wörtlichen Sinn unbeschwert zu sein, im Weg war.

Das von Hans beschworene Glück liegt in seinen Bauchentscheidungen. Er handelt so, wie ihm gerade zumute ist, ohne an Prestige sowie an persönliche Vorteile zu denken. Diese Fähigkeit, Entscheidungen aus dem Bauch heraus zu treffen, was gleichzusetzen ist mit dem, was wir eigentlich wollen – auch hier lässt Freuds *Es* in seiner Eigenschaft als Lustbefriedigung grüßen – ist uns zunehmend abhanden gekommen.

Die Leute, die sich herunterfahren, entschleunigen, Ballast abwerfen, haben sich das bewusst gemacht und nach neuen Lebensmustern gesucht. Nicht mehr und nicht weniger.

Man kann also dem Gefühl, mit einer Glückshaut geboren zu sein, ein wenig nachhelfen, auch ohne sich auf solche Tauschgeschäfte der speziellen Art einzulassen, wie sie der glückliche Hans vollzieht …

Kapitel 27

Generationenkonflikte

Die Aussteiger aus der Geschichte *Hannah im Glück* entstammen derjenigen Generation, die gerade maßgeblich das gesellschaftliche Sagen hat. Ludwig und Co warnen indirekt die nächsten vor der gängigen Wertvorstellung vom Wohlstand und welchen Einsatz es braucht, um daran teilzuhaben. Sie sind Beispiele dafür, dass sich Wertvorstellungen nicht unhinterfragt weiterreichen lassen. Erst der Lauf der Geschichte wird zeigen, welche Werte Bestand haben.

Der Nationalsozialismus macht dies auf besondere Weise bewusst. Die *Stunde Null* verlangte eine Neubesinnung auf Werte, die sich deutlich von denen der Nazizeit unterschieden.

Die unterrichtende Aufgabe der Erwachsenen, die den Krieg überlebt hatten und in dem besagten Alter waren, also in der Phase der Generativität nach Erikson, war in jener Zeit problematisch. Nach dem totalen Zusammenbruch war nicht viel aus der Hitler-Zeit übrig, was man kulturell, sozial und politisch unbedenklich weitergeben konnte. Der folgenden Generation mangelte es auch an Vertrauen in die Führungsgabe der Älteren. Kein Wunder also, dass es in den späten Sechzigerjahren zu einem Generationenkonflikt kam, den es in der harten und grundsätzlichen Form vorher nicht gegeben hatte.

Generativität ist notwendig

Kehren wir dieser Zeit den Rücken und kommen auf die

allgemeine Ebene zurück.

Generativität ist absolut notwendig, damit nicht jede neue Generation das Rad neu erfinden muss – damit nicht jede ihre eigene *Stunde Null* erlebt.

Für ältere Erwachsene stellt sich idealerweise die nach Erikson siebte Phase als eine erfüllte Zeit dar, denn es ist etwas Beglückendes, das Geschaffene weitergeben zu können. Dies trifft für den geistigen Bereich genauso zu wie für den materiellen.

Selbstabkapselung

Das Gegenteil von Generativität ist Selbstabkapselung. Ein Mensch, der in dieses Schema gerät, hat sich im Wesentlichen nur um sich selbst gekümmert. Er ist meistenteils um sich selbst besorgt, gibt sich mit seinen Mitmenschen wenig Mühe. Die bekannten Gründe sind Trägheit, Unsicherheit, Egozentrik. Er kann die siebte Stufe nicht bewältigen, denn ihm erscheint irgendwann das Leben langweilig und sinnlos, weil er logischerweise nicht das Gefühl des Gebrauchtwerdens entwickelt hat. Eine solche Person vereinsamt - meistens in einem schleichenden Prozess. Das Gefühl von Sinnlosigkeit stellt sich ein.

Ein Phänomen namens *Peter Borsdorff*

Im Januar 1995 nimmt der Dürener Peter Borsdorff wie schon oft an einem Marathonlauf teil. Das war an sich nichts Besonderes, denn der Mann war durchtrainiert und Marathon war seine Passion. Allerdings gab es an diesem Tag doch eine Besonderheit: Dem leidenschaftlichen Läufer fiel ein, dass einfach nur der Zeit hinterherzulaufen irgendwie Verschwendung war. Seit jenem denkwürdigen Tag stellt Herr Borsdorff stets eine Sammelbüchse auf, wenn irgendwo ein Sportereignis stattfindet, an dem er teilnimmt oder das er organisiert: Alter Laufschuh auf alter Keksdose. Aufkleber: www.runningforkids.de.vu Gesammelt wird für ganz konkrete Anlässe. Der allererste bestand darin, dass in einem Kindergarten in Düren ein Bollerwagen fehlte, um auch ein behindertes Kind bei einem Ausflug an die Küste mit an den Strand zu nehmen. Dieser Bollerwagen, der gleich nach der ersten Sportveranstaltung mit Sammelbüchse hatte angeschafft werden können, bildete den Auftakt zu einer Spendensammlung, die Ihresgleichen sucht. Mittlerweile hat Peter Borsdorff nämlich über zwei Millionen Euro eingesammelt. Alleine, ohne jegliche Institution. Allerdings stehen inzwischen ungefähr 150 solcher Spendendosen in diversen Geschäften, Tankstellen und Einrichtungen, um die Initiative zu unterstützen. Er selbst sammelt nicht mehr nur bei sportlichen Anlässen, sondern auch auf Karnevalsveranstaltungen steht er mit einer der selbst gebastelten Spardosen an der Türe. Allerdings beschränkt er sich auf einen Umkreis von 50 Kilometern, um sich nicht zu verzetteln, denn er möchte seine Hilfsaktionen ausschließlich selbst ausführen. Dabei hat er längst Anfragen aus ganz Deutschland, ob er bei bestimmten Veranstaltungen nicht sammeln kommen mag.

Das Geld geht komplett in ganz konkrete Projekte, die alle etwas mit *Kinder-in-Not* zu tun haben: Ein Vater braucht nach dem Unfalltod seiner Frau eine Betreuung für die kleine Tochter, was er sich als einfacher Handwerker nicht leisten kann. Die Lehrerin des Kindes hatte Borsdorff informiert. Herr Borsdorff besuchte Vater und Kind, lernte sie kennen und half.

Es gibt viele solcher Beispiele. Borsdorff geht immer selber zu den Betroffenen, um sicher zu gehen, dass seine Hilfe auch wirklich gebraucht wird. Viele Anrufe und Schreiben erhält er. Allen kann er nicht helfen: Es sind zu viele. Doch er lässt sich davon nicht beirren, kommt nicht etwa zu dem Schluss, dass man ja leider nicht die Welt retten kann und es deshalb auch gleich ganz lassen könnte.

Das Marathonlaufen hat er mit seinen mehr als 75 Jahren eingestellt. Aber er ist etwa 40 Stunden pro Woche aktiv für *Running for Kids*, hat allein jedes Wochenende ungefähr sieben Termine. Eine Vereinsgründung lehnt er ab. Keine Lust auf Versammlungen, Vorstandsarbeit, Terminabsprachen. Doch er führt genau Buch. Über jeden Euro, den er ein- bzw. ausgegeben hat. So wissen die Spender, dass ihr Geld bei ihm an der richtigen Stelle landet.

Wer wird ihn eines Tages beerben? Sein Kommentar dazu: „Einen Nachfolger wird es nicht geben. Die damit verbundene Arbeit, die für mich keine Arbeit ist, wird niemand übernehmen wollen."

Da hat er vermutlich recht.

(Vgl. Aachener Nachrichten vom 9.10.2018)

Engagement und Rückzug

Das Ideal auf der siebten Entwicklungsstufe liegt darin, sich für die nächste Generation zu engagieren, ohne sich selbst zu vernachlässigen oder zu verleugnen. Peter Borsdorff ist ein Beispiel dafür. Zugegebenermaßen ein extremes!

Der Mensch in diesem Alter muss natürlich auch eigene Rückzugsmöglichkeiten schaffen, ohne ein schlechtes Gewissen zu haben. Und er darf ruhig kritisch auf eine drohende Fehlentwicklung hinweisen. Wir brauchen geradezu solche Menschen. Im Idealfall hört man ihnen sogar zu. Altbundeskanzler Helmut Schmidt war in dieser Hinsicht ein schlagendes Beispiel. Geht ja gerade nicht ums Rauchen ☺.

In den späten 60er Jahren liegen die Ursprünge von Bauwagenkolonien, Findhorn und ihren Gründungsmitgliedern. Es sind Gedanken über Herunterfahren des Lebensstandards (*Downshifting*) sowie andere alternative Lebensformen, die alle gemeinsam haben: Weg aus der Alltagsfalle, die nur eins zum Ziel hat: Im Sinn der freien Marktwirtschaft zuzuschnappen, die Arbeitskraft voll zu nutzen. Man kann auch sagen, sie herauszupressen.

Viele Menschen haben inzwischen das Gefühl, eine fremde Macht würde sie zerteilen, bis nichts mehr von einem ganzheitlichen Leben übrig ist. Irgendwann träumen sie von einem Dasein, das nicht andauernd an allen Ecken und Enden an einem zerrt, bis man sich schlaflos durch die Nächte wälzt und zwischen Burn-out-Syndrom und Herzinfarkt an sich selber die bange Frage richtet: Hört das niemals auf?

Kapitalistischer Realismus

Viele Menschen leiden längst am *kapitalistischen Realismus* des Wirtschaftswachstums. Es gibt keine bessere Bezeichnung für unsere Welt, die größtenteils aus Gewinnmaximierung und dem Hecheln nach steigendem Einkommen der Volkswirtschaft (Bruttosozialprodukt) zu bestehen scheint. Einer Welt, in der nicht das Sein, sondern das Haben zählt. Um zu diesem Schluss zu kommen, muss man keiner politischen Richtung angehören. Viele Menschen wünschen sich mehr Zeit und würden weniger Geld in Kauf nehmen. Aber an den

Arbeitsplätzen fehlt häufig ein gesundes Mittelmaß. So ist man am Ende eines Arbeitstages sogar für soziale Kontakte zu k.o.
Oder doch nicht?

Glücksburg Internet

Chatrooms beherrschen die junge Generation. In virtuellen Spielen schaffen sie sich Scheinwelten, ihre „Freunde" kennen sie aus Facebook, Twitter und Co. Sie beteiligen sich daran oder nehmen in Kauf, dass aufs Übelste gemobbt, abgelästert und der größte Blödsinn hin- und hergeschickt wird. Sie schaffen sich in ihren jeweiligen Kommunen/Communities feine kleine Inseln zum Leben. Im Chat lernt man jede Menge Leute kennen, man outet sich, sucht nach Tipps und persönlicher Beratung, was das häusliche Real-Umfeld oftmals nicht mehr bietet. Man trifft jede Menge Verabredungen im Netz und vergnügt sich auf eine Weise, die genau die Distanz hat, die man selber für richtig hält. Denn niemand kommt ohne weiteres auf die Idee, auf einem wirklichen, also körperlichen Treffen zu bestehen. So etwas ist eher die Ausnahme.
Als Ergebnis aus diesen Beobachtungen kann einem schon mal die erschreckende Frage kommen, ob *Glück* in der Hauptsache nur noch im virtuellen Raum eine Chance hat.

Kapitel 28

Zu guter Letzt

Ja, es gibt ein letztes Stadium. Man spricht nicht gerne drüber, denn es mahnt den Menschen, dass er auf Erden keine Ewigkeit vor sich hat. Ein grundsätzliches Ende macht Angst. Sein Name: Tod.

In Stammeskulturen, die noch ziemlich sich selbst überlassen sind, würden du und ich im Alter bei weitem keine ruhige Kugel schieben. Wir könnten nicht einfach nach Mallorca auswandern, weil es da viel schöner und wärmer ist als bei uns. Auch würdest du nicht zwischen Ehrenamt und Einsamkeit deine Zeit verbringen.

Aktuell gilt das Leben im Rentenalter bei uns als materiell abgesichert. Noch. Es ist abzusehen, dass sich das schon in der nächsten Generation ändert, wenn nicht jeder vorsorgt. Sparen fürs Alter ist angesagt. Die Altersarmut, für viele bereits Realität, wirft weitere Schatten voraus. Die Prognose: Die Rente wandert bis 2025 in Richtung 45% vom Einkommen.

(Vgl. z.B.: https://www.focus.de/finanzen/altersvorsorge/rentenbericht-der-bundesregierung-nur-noch-sieben-gute-jahre-ab-2025-geht-es-mit-der-rente-bergab_id_7881566.html).

Bereits jetzt können sich viele Rentner die Miete ihrer Wohnung, auch wegen der steigenden Nebenkosten, nicht mehr leisten. Sie müssen umziehen, und das, obwohl man einen alten Baum nicht verpflanzt. Das gewachsene und gepflegte Sozialgefüge aus Nachbarn, Dienstleistern, Ärzten, Bus und Bahn stürzt mit einem Mal zusammen. Eine bittere Pille, wenn man jenseits der siebzig in den wenig angesagten Stadtteil umziehen muss oder in gänzlich unbekanntes Terrain, weil man nur dort noch eine bezahlbare Unterkunft findet.

Die Hälfte der Bundesbürger zwischen 55 und 69 Jahren engagiert sich ehrenamtlich, wie die Altersstudie im Auftrag der Bundesregierung herausgefunden hat. Immerhin noch 30% machen das jenseits der 70 oder sie gehen zur Uni. Die Hörsäle werden von der Generation *Gleitsichtbrille* gut besucht.

Durch den Arbeitsmarkt verschlägt es die jüngeren Generationen in alle Himmelsrichtungen. Der Preis der Flexibilität: Immer weniger alte Leute haben Kinder und Enkel an ihrem Wohnort. Nachwuchsbetreuung von Oma und Opa? Fehlanzeige. Die Großfamilie gibt es so gut wie nicht mehr. Altersweisheit und –milde von Großeltern kommen kaum noch zum Zuge.

Betreuung und Versorgung müssen von Berufsfeldern abgedeckt werden. Viele alte Menschen können es sich aber nicht erlauben, jemanden für Geld einkaufen zu schicken oder eine Altenbegleitung zu verpflichten. Und nicht überall gibt es ehrenamtliche Unterstützung, die den nicht vorhandenen Familienhintergrund zumindest teilweise ersetzen könnte.

Alt sein in Stammeskulturen

Kannst du dir ein Leben als Rentner außerhalb der dir vertrauten Zivilisation vorstellen?

Möglicherweise wärst du als alter Mensch Hüter von Geheimlehren (Mysterien), die du an die heranwachsende Generation weiterzugeben hättest. Du müsstest als oberster Richter im Sinne traditioneller Gesetze Recht sprechen.

Es gäbe weder Hörbücher noch überhaupt Bücher und schon gar keinen Fernseher. Handy? Laptop? Fehlanzeige. Aber es wäre für all deine Stammesgenossen selbstverständlich, dass du als alter, weiser Mensch nur noch an hohen Festtagen mit zur Jagd genommen wirst. Allerdings nur, um mal wieder zuzuschauen, was die Jugend so erbeutet. Ansonsten bestünde dein Part darin, die Geschichten und Sagen, das Liedgut und alles, was die Kultur deines Stammes ausmacht, zu übermitteln.

Von wegen Beine hoch und *Tatort* oder *Wer wird Millionär* gucken und sich bei Rieu'schen Walzerklängen einen guten Roten genehmigen. Du hättest zu tun.

Der Tod – ein Tabu

Der Tod erscheint geradezu als etwas Unaussprechliches. Man meidet Wörter wie Sterben und Tod, es sei denn, sie werden für einen Witz gebraucht.

Die Generation, die jetzt als uralt gilt, hat es noch erlebt, dass Menschen, die krank oder alt und gebrechlich waren, zu Hause starben. Sie verabschiedeten ihre Angehörigen. Das verstorbene Familienmitglied wurde für einige Tage zu Hause aufgebahrt. Man hielt Totenwache. Bekannte, Freunde und Nachbarn kamen vorbei und nahmen Abschied, meist mit einem stillen Gebet. Sterben war sozusagen eine Angelegenheit der ganzen Familie und des sozialen Netzes. Insofern war der Tod auch für Kinder nichts Ungewöhnliches. Sie wurden nicht etwa hinausgeschickt, wenn sich die Familie um den Sterbenden oder um das Totenbett versammelte.

Heutzutage wickelt man das Sterben beinahe im Geheimen ab. Jedenfalls könnte man zu dem Schluss kommen, denn das Sterben findet in den meisten Fällen unter Verschluss der engsten Mitmenschen statt. Im Krankenhaus, im Altersheim, im Hospiz. So ist es nur logisch, dass der Tod die nachfolgenden Generationen befremdet. Er erscheint im Wesentlichen nur noch als gruselig unterhaltsamer Akt im Fernsehen und nicht als etwas Natürliches,

das zwangsläufig jedem bevorsteht.
JEDEM!
So banal es klingt: Geburt und Tod sind die Eckpunkte des Lebens. Aber wir tun so, als käme der Tod gar nicht vor.

Auch die Alten erscheinen jung

Die Werbung entwirft die Bilder voller Jugendlichkeit täglich aufs Neue. In ihnen kommen die Alten nur als wohlsituierte Privatiers daher. Mit neuer Hüfte und restauriertem Knie steigen sie gelenkig und knackebraun aus der E-Klasse, ihre Zipperlein bekommen sie mit einer netten kleinen Tablette in den Griff. Dabei lächeln sie erfolgreich in die Kamera, keine billige Kassenlösung in der Zahnfassade.

Sie sind ein nicht zu unterschätzender Wirtschaftszweig. Als Gewinnfaktor der Pharmaindustrie werden sie gern gesehen. Das Gesundheitsministerium hat in einer Studie herausgefunden, dass man Alten viel mehr Medikamente verschreibt, als wirklich gut für sie sind. Na ja – jemand muss das ganze Zeugs ja wegputzen. Schließlich investiert die Pharmaindustrie Milliarden in die Entwicklung von Medikamenten – und wohl auch eine große Summe in ihre ansprechende Form und die hübsche Verpackung.

Alt und siech tauchen höchstens manchmal in einer Doku auf als bemitleidenswerte Subjekte, die von Fremden gepflegt werden müssen. Und diese Pfleger/innen sind wirklich fremd: Sie kommen aus Polen und überhaupt verstärkt aus dem Ausland. Denn als Billiglohn-Kräfte sind sie in allem, was mit Pflege zu tun hat, unschlagbar.

Auch die Begrifflichkeit umschifft das Wort *alt*.

Wir kaufen keine Cremes gegen alte Haut. Die Firmen bieten Pflegemittel für Menschen im *Best-Age* an. Natürlich werben die Vertreter für Lymph-Drainagen und Gesichtspflege auch nicht damit, dass man den Schmerz alter, geschwollener Körperteile lindern und faltige Hautlappen noch eine Zeit lang konservieren kann. Und die von Inkontinenz Betroffenen strahlen nur so in die Kamera, um zu beweisen, wie glücklich XXL-Windelhosen machen.

Alt sein will niemand. Und schon gar nicht als alt gelten. Die Alten haben heutzutage Hobbies. Zum Beispiel fahren sie krasse Geländewagen mit knallharter Federung, bei deren Fahrt es angesagt ist, wegen der Rappelei die Dritten am besten zu Hause zu lassen. Ach ja – ist ja gar nicht nötig. Implantate.

Trotzdem – das Alter! Es schmerzt. Bei vielen ganz wörtlich, denn die Gelenke tun irgendwann weh und alles Mögliche andere ebenfalls. Dazu die Angst vor „Altersheimer", dieser ungenauen Ahnung von Vergesslichkeit, Demenz und Pflegestation. Eine berechtigte Angst, weil sie die Frage nach der Würde des Menschen aufwirft, wenn er alles vergisst und sich nicht mehr selber pflegen kann.

Ist die Alternative zum Alter nicht der Tod? Warum freuen wir uns also nicht darauf, alt werden zu dürfen? Wegen der faltigen Haut, dem Bandscheibenvorfall und den sich seltsam vergrößernden Ohren? Wegen der Panik, allein übrig zu bleiben, während Kinder und Enkel in der Welt verstreut sind oder Freunde bereits ihr Leben gelebt haben? Wegen vorprogrammierter Einsamkeit? Angst vor dem Altenheim beziehungsweise seiner gehobenen Alternative, der Seniorenresidenz?

Die letzte Phase des Erwachsenenlebens stellt den nunmehr alten Menschen vor folgende Krise:

Übereinstimmung mit dem Leben, wie es gelaufen ist (Integrität) auf der einen Seite, und auf der anderen Seite steht die Verzweiflung.

Peter Borsdorff wird erfahren, dass sein Leben höchst erfolgreich verlaufen ist. Seine Anstrengungen haben dazu beigetragen, dass er mehr als zufrieden auf sein Werk zurückblicken kann: Er hat geschafft, wovon mancher träumt: Geholfen. Er wird wertgeschätzt, geliebt, bewundert. Und das zu Recht!

Was für eine Fügung!

Jeder hat als junger Erwachsener einen Lebensplan. Er entwickelt eine gewisse Vorstellung davon, wie die tatsächliche Lebenspraxis auszusehen hat. Im Idealfall stimmt das persönliche Wertesystem mit dem eigenen Handeln überein. Das Leben ist im Nachhinein betrachtet zufriedenstellend verlaufen. So wie bei Peter Borsdorff. Auch dann, wenn es einige Kapriolen geschlagen hat. Das tut es bei jedem.

Der alte Mensch gilt im Idealfall als aufrichtig, gerecht, vertrauenswürdig. Auch hier gibt Herr Borsdorff ein treffendes Beispiel.

Der alternde Mensch lebt in dem Bewusstsein, dass sich seine persönlichen Überzeugungen in seinem Verhalten ausdrücken. Dies würde bedeuten, dass er sich selber treu geblieben ist. Ein hoher Anspruch und ein großes Lob, wer das schafft.

Gruppenzugehörigkeit im Alter

Vielen Menschen hilft eine spirituelle Gebundenheit. Sie sind religiös und genießen das Gemeindeleben. Sie haben eine Vorstellung von einem Leben nach dem Tod. Das nimmt ihnen das Gefühl von Angst und Verlassenheit.

Auch der Verein, ein Ehrenamt, eine anderen zugute-kommende Passion oder die Leidenschaft für ein Hobby sind dazu geeignet, das Rentner-Leben zu strukturieren. Der Mensch erfährt die Vorzüge einer Gruppe. Er fühlt sich gebraucht und geschätzt (nicht nur von der Pharma-industrie – siehe oben), auch geliebt, um einige wesent-liche Punkte aufzuzählen. In Anbetracht steigender Ein-samkeit im Alter eine überaus wichtige Sache. Bedauer-lich, dass offenbar viele alte Menschen ohne feste Be-zugspersonen auskommen müssen (siehe unten).

Eigenverantwortung

Inwieweit ist der alte Mensch selber für seinen einzigar-tigen Lebensablauf, also für sein biographisches Ge-dächtnis verantwortlich? Schließlich wird man in eine Kultur und dort in eine Familie hineingeboren und landet unplanbar auf einer bestimmten Zeitschiene.
Ein Mittelwert zwischen Lebensbedingung und Eigen-verantwortung ist der Amboss, auf dem man sein Glück hat schmieden können.
Das Glück hat einen nur dann gefunden, wenn man an ihm gearbeitet hat. Denn die *Glückshaut* bleibt letztlich, was sie ist: ein Mythos.
Hat der Mensch die Krise *Ich-Übereinstimmung* (Integri-tät) gegen Verzweiflung auf der letzten Entwicklungs-stufe gemeistert, dann hadert er nicht mit seinem Schick-sal. Er blickt nicht zurück im Zorn. Auch wird er sein Ende nicht fürchten wie jemand, der das Gefühl hat, alles falsch gemacht zu haben. So ein Mensch ist verbittert. Gefühlt hat er sein Leben verpasst. Er verachtet es, weil er trotz Schicksalsschlägen, persönlicher Fehler und Missgeschicke nicht das Glück sieht, das er eben auch im Leben hatte.

Verbitterten alten Menschen mag man nicht gerne begegnen. Sie ziehen „runter", die Mundwinkel zeigen es deutlich. Wenn wir einmal ehrlich sind, will sich auch kein Mitleid einstellen, denn lebensüberdrüssige Menschen haben etwas Verächtliches, und – ganz wesentlich – sie können keine Liebe geben. Dass solche alte Menschen wenig gruppentauglich sind, ist naheliegend. So hart das klingt: Die Einsamkeit ist die Quittung für ein ichbezogenes Leben voller Unzufriedenheit, Kompromisslosigkeit, Querelen und Bequemlichkeit.

Es gibt eine ganze Menge, mit dem man seinen Frieden machen muss. Da sind zunächst die eigenen Eltern, die es im Nachhinein zu akzeptieren gilt, anstatt sich zu wünschen, dass sie anders gewesen wären. Milder, großzügiger, weniger engstirnig, mit mehr Zeit, als man noch klein war.

Dann ist da der eigene Lebensweg, der vielleicht besonders schwierige Phasen durchlaufen musste. Hier gilt es, zu begreifen, dass die Umstände so und nicht anders waren. Dass also das Leben zufällig in genau die Zeitgeschichte gefallen ist, die möglicherweise als eine besonders anstrengende oder gefährliche in die Geschichte eingegangen ist.

Längst ist auch bei uns Europäern das Altern mit materieller Unsicherheit verbunden (siehe oben). Altersarmut steht der Übereinstimmung mit dem Leben, so wie es ist, deutlich im Weg. Denn wer hart gearbeitet, Kinder großgezogen hat, wird sich schwerlich damit abfinden, im Alter im wörtlichen Sinn unter seiner Würde leben zu müssen.

Sinkender Einfluss

Auch in Europa hatten die Ältesten früher eine gewisse

Kontrolle über die nächste Generation. Sie besaßen wichtige Güter und wer Besitz hat, hat auch Macht. Materieller Besitz wie Grund und Boden, Viehbestand, Maschinen, verliert als Verhandlungsgrund seinen früheren Stellenwert. Denn der Beruf des Vaters geht immer seltener auf den Sohn über.

Die Kinder benötigen also nicht mehr unbedingt den Besitz der Eltern. Sie haben davon unabhängige Berufspläne. Entsprechend schwinden Ansehen und Einfluss der Alten. Sie werden nur noch selten um Rat gefragt. Anders ausgedrückt: Auf ihre Weisheit wird wenig Wert gelegt. Das liegt auch daran, dass die nächste Generation in unserer Kultur die alte nicht mehr zu ihrem Schutz und ihrer sozialen Sicherheit braucht. Demzufolge gibt es keine Schuldbeziehung. Das heißt, dass sich die Kinder nicht dazu verpflichtet fühlen, den Eltern etwas davon zurückzugeben, was sie in Kindheit und Jugend von ihnen erhalten haben. Sie stehen nicht in ihrer Schuld. Eine alte Redewendung für eine überkommene Tatsache.

So trägt unser soziales Netz dazu bei, die Alten zu entmachten.

Als Schluss zu diesem letzten Abschnitt des Lebens ein Zitat von Luise Rinser:

Es macht heiter zu wissen, dass Jeder recht hat mit sich selbst. Schön ist es älter zu werden, erlöst von sich, von der gewaltigen Anstrengung 'etwas zu werden', etwas darzustellen in dieser Welt, gelassen sich einzufügen, irgendwo, wo gerade Platz ist, und überall man selbst zu sein und weiter nichts als einer von acht Milliarden.

Kapitel 29

Beglückung – Ende offen
Brot und Spiele

In seinem 1932 erschienenen Roman *Schöne Neue Welt* macht Huxley es uns vor: Der Staat ist in der Lage, jeden Wunsch seiner Bürger sofort zu befriedigen.

Fast ein Jahrhundert später sind wir so weit: Eine riesige Beglückungsmaschinerie bespaßt rund um die Uhr und strahlt aus, was wir angeblich unbedingt sehen wollen.

Dass bei den unterhaltsamen Endlosprogrammen Volltrottel und jede Menge Aschenputtel vorgeführt werden, macht die Sache erst so richtig lustig. Was für ein Glück, dass man auf der anderen Seite sitzt und so richtig über die Casting-Deppen ablachen kann. Deppen, deren Stimme man auch mit modernster Technik nicht auf hörbar tunen kann (englisch: *tune*, Harmonie, Einklang). Oder deren Alltagsgesichter auch nicht mit dem Make-up der Stars und unter den begnadeten Händen eines angesagten Profis auf Topmodel geschminkt werden können. Jedem halbwegs normalen Menschen ist klar, dass es sich nicht um laufstegtaugliche „Fernseh-Ware" handelt.

Die aussortierten Mädchen sagen der Barbie-Queen auch noch artig „danke", wenn Heidi sie vom Laufsteg „klumt", weil die Knie zu dick, der Gang zu schleppend, der Busen zu dünn, das Gesicht zu unsymmetrisch ist. Und die Hohe Priesterin hat die Lacher auf ihrer Seite. Dieselbe Lachnummer wie bei den amusischen Vorstammlern der Supersinghäschen. Beides moderne Varianten von zur Schau gestellten abnorm Aussehenden auf mittelalterlichen Jahrmärkten. Durch die Superschicken und die Pop-Stars wirken die Aussortierten der ersten Runde kurios, abartig.

Die Unterhaltungsmacher machen eigentlich nichts falsch. Sie bieten lediglich an, was die Zuschauer haben wollen und kassieren dafür ab. Die Quote ist hoch. Werbesekunden sind von den Firmen begehrt und werfen immens viel Geld ab.

Die Zuschauer, so könnte man meinen, wollen eine moderne Form von Sadismus: Aus *Brot und Spiele* im alten Rom wird *Rippenshow und Superdepp*. Einfach göttlich, dieser Spaß. Und es gewinnt ja tatsächlich immer jemand. Da ist doch klar, dass man sich nur trauen muss. Und mit ein wenig Glück ist man eine Runde weiter.

Toll ist auch, dass man immer und überall ein Gesprächsthema hat.

Ob die mit den roten Haaren weiterkommt? Und ob der Doofe mit der Brille echt nicht rausfliegt, wo der überhaupt keine Stimme hat?

Irgendwie super, dass der Moderator voll krass den noch nicht abgesägt hat, wo der immer so total ehrlich ist. Und wie cool die Heidi die eine gefragt hat, wann sie sich endlich mal einen Spiegel kauft. Und wie die sich letztens total ohne alles an dem Strand und dann wurden die bemalt und mit breiten Beinen – ey echt! Und einmal mussten die auf allen Vieren da rum und bellen wie ein Hund. Das war so was von!

Man könnte den Eindruck gewinnen, die Teilnehmer sind masochistisch. Schließlich bedanken sich die „Aussortierten" sogar, wenn man sie abkanzelt wie Witzfiguren, die sich nicht zum Verkauf eignen.

Kapitel 30

Keine Glückshaut. Was tun?

Kann man dem Glück auf die Sprünge helfen, auch wenn man definitiv ohne Glückshaut geboren wurde?

Wenn man keine Kindheit hatte, deren Entwicklungsstufen von Angenommensein und Liebe geprägt waren?

Wenn man Schlimmes durchmachen musste, weil die gesellschaftlichen Umstände nicht für ein Kind gemacht waren?

Eine Glückshaut im übertragenen Sinn kann man sich nur in Grenzen aneignen. Das zeigen sowohl Eriksons Entwicklungsstufen mit ihren aufeinander aufbauenden Krisenbewältigungen als auch die Ergebnisse aus der modernen Gehirnforschung.

Aus einem Unglücksraben wird nur schwerlich ein Stehaufmännchen. Der Rabe kann nämlich, wie berichtet, nicht ohne weiteres sein schwieriges Selbstbild ändern. Seine Nervenleitungen (Synapsen) müssen mühsam verändert werden. Man kann leider die durchlaufenen Entwicklungsstufen in ihrer Auswirkung nicht ungeschehen machen.

Desillusionierend?

Irgendwie schon. Dennoch ist ein Versuch in die Richtung, wo und wie das Glück einen leichter findet, kein Fehler. Ein anstrengender, wichtiger Prozess. Man sollte nicht zu hohe Anforderungen an sich stellen und Zeit mitbringen.

Glück kann man nicht einfach so übertragen bekommen wie einen Auftrag. Man benötigt Hilfe. Hierzu gibt es einen Sinnspruch, den ich passend finde:

Wenn du einen Freund hast, schenke ihm einen Fisch.

Aber wenn du ihn wirklich liebst, lehre ihn fischen.
(André Kostolany)

Ohne Hilfe von jemandem mit Know-How wird es kaum funktionieren, buchstäblich aus der (eigenen) Haut zu fahren, um in eine andere, glücklichere zu schlüpfen. Der Freund, der einen das Fischen lehrt, darf ruhig ein Therapeut sein. Manchmal ist es am besten, einen Profi zu engagieren.

Unser biographisches Gedächtnis können wir nicht ablegen. Aber wir können es in kleinen Schritten ändern.

Es gibt Situationen, die einen Neuanfang begünstigen. Räumliche Veränderung, die Beendigung einer schwierigen, wenig erfüllenden Partnerschaft, eine berufliche Veränderung, um drei wesentliche Punkte zu nennen. Die Anmeldung bei einem Verein, der anbietet, Schicksalsschläge zu verarbeiten. Zum Beispiel gibt es Selbsthilfegruppen. Man sollte alles, was nach Einschnitt in einen eingefahrenen Lebenslauf aussieht, in seine Überlegungen aufnehmen.

Die Ursachen über die *Sich selbst erfüllende Prophezeiung* sind einem normalerweise nicht bewusst. Wer hat mich auf die Schiene gesetzt, damit das eintritt, was angeblich so typisch für mich ist? Wer war der Ansicht, dass ein bestimmtes Verhalten angeblich so besonders auf mich passt?

Wie an dem Drama „Andorra" erläutert, kann man sich die *Sich selbst erfüllende Prophezeiung* wie einen Auftrag vorstellen, den einer ungefragt jemandem anderen, meist dem eigenen Kind, übergeben hat. Und es lohnt sich, ihn aufzuspüren. Denn man kann ihn zurückgeben. Der eigene Vater war depressiv. Ständig nörgelte er herum und hatte schlechte Laune. Nun ist die Tochter erwachsen und Julius, ihr kleiner Sohn, quengelt, weil ihm etwas nicht passt. *Du nörgelst wie Opa* lautet die

Botschaft.

Bei der nächsten Quengelei heißt es: *Schon wieder dieses Meckern. Hatte Opa auch dauernd drauf.*

Bald charakterisiert die – möglicherweise überforderte – Mutter: *Immer nörgelst du herum. Du bist genau wie Opa.*

Solche Sätze bekommt Julius nun beinahe täglich zu hören. Der Auftrag lautet also: *Ich bin wie Opa. Ich muss sofort losmaulen, wenn irgendetwas nicht gleich klappt. Und ich zieh auch so ein Gesicht wie Opa.*

Julius nimmt den Auftrag an und macht ihn unbewusst zu seinem Glaubenssatz. Bleibt zu hoffen, dass er die Sache eines Tages durchschaut und einen Weg findet, das Opa-Image wieder loszuwerden. Ein notorischer Nörgler ist nämlich unglücklich.

Das Phänomen der *Sich selbst erfüllenden Prophezeiung* steht dem Schmieden des Glücks immer dann im Weg, wenn der Auftrag ins Negative zielt. Ich schätze, jeder von uns kann ähnliche Aufträge aus dem Stand nennen. Hier die wahre Geschichte von Leni.

Anders als die meisten Kinder kam Leni nicht mit drei Jahren in den Kindergarten. Sie wurde schon als Kleinstkind zu den Großeltern gebracht, die gleich um die Ecke wohnten. So konnte Lenis Mutter nachmittags mit im väterlichen Betrieb arbeiten, man sparte den Kita-Beitrag und Klein Leni bekam täglich ein zweites Mittagessen bei Oma und Opa. Die fütterten ihre Enkeltochter in aller Liebe rund und kümmerten sich auch ansonsten gerne und ausdauernd um das kleine Mädchen. Auf diese Weise hatte Leni vier erwachsene Bezugspersonen. Eigentlich eine gute Basis, um sich eine Glückshaut wachsen zu lassen: geliebt, umsorgt und gefördert löste Leni die geistig-sozialen Krisen der frühen Kindheit mit Bravour und mauserte sich zu einem intelligenten und glücklichen Kind.

Leni wurde mit knapp sieben Jahren eingeschult. Wie die meisten Kinder fieberte sie neugierig dem neuen Lebensabschnitt entgegen. Vor allem war sie auf die anderen Kinder gespannt.

Schon bald wurde sie zu einem Geburtstag eingeladen. Klein Leni wunderte sich keineswegs, warum ihre Mutter kein Geschenk für das Mädchen mitgab, welches seinen siebten Geburtstag feierte. Sie wurde erst stutzig, als alle anderen Kinder das Geburtstagskind beschenkten. Nur sie nicht.

Einige Zeit später wurde Leni noch einmal eingeladen. Dieses Mal teilte sie der Mutter mit, dass sie dem neuerlichen Geburtstagskind ein Geschenk mitbringen wolle. So, wie es die anderen Kinder auch machten. Unter irgendeinem Vorwand hatte aber ihre Mutter zu dem Termin der Einladung kein Geschenk besorgt und die Tochter tauchte dort wieder ohne ein Mitbringsel auf. Kann sein, dass Leni noch ein drittes Mal eingeladen worden ist – sie weiß es heute nicht mehr genau. Aber sie weiß, dass sehr schnell Schluss war mit Einladungen. Und da ihre Mutter nicht wollte, dass Leni ihrerseits Kinder einlud, schließlich gab es ja Mama, Papa, Oma und Opa, stand Leni bald am Rand. Sie wurde nicht mehr eingeladen und es wollte auch bald keiner mehr neben ihr sitzen. Leni, klein, rund, fröhlich, wandelte sich zu einem stillen und nachdenklichen Kind, das gerne aß.

Dieses Leben ertrug Leni bis zu ihrem Abitur. Der unausgesprochene Auftrag ihrer Mutter lautete: *Du bist anders als die anderen.* Denn: *Wir sind von allen anderen Menschen unabhängig. Wir haben es nicht nötig, uns Sympathien zu erkaufen. Mein kleines Mädchen ist bei den Großeltern am besten aufgehoben – was kümmern uns die anderen.*

Die Rückgabe des Auftrags

Mit 19 Jahren begann Leni eine Ausbildung in der Stadt-verwaltung, und sie entdeckte ihre sportliche Ader und meldete sich bei einem Volleyballverein an. Der bäuer-liche Zopf fiel der Schere zum Opfer und die Pfunde pur-zelten, denn Leni zog vom Land in die Stadt und aß wie die meisten Leute ab sofort nur noch einmal am Tag eine warme Mahlzeit.

Durch den Volleyballverein und durch die anderen Aus-zubildenden lernte Leni junge Erwachsene kennen. Und als wirklich kluges Mädchen durchblickte sie den Auf-trag der Mutter. Unausgesprochen löste sie den Vertrag. Sie ging auf Feste – und zwar mit Geschenk. Statt auf der Freud'schen Couch lag sie bald gemütlich auf dem Sofa ihres Volleyballtrainers und diskutierte sich die Seele frei, auf der im Klartext stand: Meine Schulzeit war geprägt durch Ausschluss und Mobbing. Mit Unab-hängigkeit hatte das nichts zu tun. Es war einzig und al-lein Isolation.

Die Mutter und die Großeltern wollten Leni in erster Linie besitzen – am liebsten für immer. Die Hänseleien in der Schule hatten im Grunde nichts mit Leni zu tun. Sie waren ein Auswuchs an Unverständnis der Mitschüler/innen, de-nen nichts Besseres eingefallen war, als Leni zu ihrem leichten Opfer zu machen, auf dessen Kosten sie sich amüsieren konnten. Eben das typische Spielchen von Mobbern.

Leni hatte im letzten Jahr dreißigjähriges Abitur. Die ausgesprochen hübsche schwarzhaarige Frau mit der peppigen Frisur und einem wirklich stilvollen Ge-schmack ging eigentlich nur hin, um zu zeigen, dass sie sich längst nicht mehr als Opfer anböte. Dass sie nie-mand ist, über den man tuschelt.

Und was geschah?

Keiner erkannte sie. Sie passte nicht in das Bild der Außenseiterin, denn sie hatte die anderen links überholt: Sportlich, bei voller Weiblichkeit schlank, makellose Haut. Dazu ein interessanter Job. Klar, dass Fotos herumgereicht wurden. Leni hatte ebenfalls welche dabei. Bilder von ihren beiden Söhnen. Mal mit, mal ohne ihren Vater drauf, dem damaligen Volleyballtrainer. Von der letzten Gartenfete ein Bild mit Haus und Freunden mit einer Ausstrahlung, die unmissverständlich sagt: für immer.

Nach ihrem Outing waren die anderen sprachlos. Das war ihre Leni? Das sollte die Frau sein, auf deren Kosten sie sich damals so gut amüsiert hatten?

Auf Sätze, die mit *Wir müssen uns unbedingt mal* ... und *Hast du nicht Lust, mit uns zusammen* ... begannen, reagierte Leni mit feinem Lächeln der Marke *Nein-Danke*.

Nach einer Stunde Anwesenheit wünschte sie allseits noch einen angenehmen Abend und ging.

Kapitel 31

Jeder ist seines Glückes Schmied

Das Sprichwort stammt ursprünglich von dem römischen Geschichtsschreiber Gaius Sallustius Crispus. Er lebte im Jahrhundert vor Christus, wie mir Tante Wiki verraten hat. Das muss man nun wirklich nicht wissen, aber schon der antike Name deutet darauf hin, dass der Ursprung dieses Sprichworts sehr alt ist. In Latein hört er sich so an: *Suae quisque fortunae faber est.* Jeder ist seines Glückes Handwerker. Oder eben: Jeder ist seines eigenen Glückes Schmied.

Lenis Beispiel zeigt, dass man durch einen Auftrag gebunden wird. Und zwar unfreiwillig. Durch einen Auftrag, den niemand ausdrücklich formuliert hat, der aber wie ein Glaubenssatz im Gehirn existiert und also abgespeichert ist: *Ich muss mir durch Geschenke keine Freundschaften kaufen. Ich gehöre zu Mama und Papa und den Großeltern.*

Durch die sich selbst erfüllende Prophezeiung haben sich diese Glaubenssätze tief in Leni verankert.

Man muss sich die Aufträge und die daraus entstehenden Glaubenssätze bewusst machen. So kann man das eigene Bewusstsein umpolen, was nichts anderes bedeutet als in neurobiologisch bewährter Manier neue Nervenverbindungen aufzubauen und dafür zu sorgen, dass sie sich verdicken.

Leni erkennt, dass Unabhängigkeit und Isolation nicht dasselbe sind. Die neuen Glaubenssätze lauten:

Ich bin gerne mit netten Leuten zusammen.
Ich mache mir zu Menschen, die ich mag, Gedanken.
Ich freue mich, ein für sie passendes Geschenk zu finden.

Leni hat ihr Glück geschmiedet.

Sie wechselte den Ort. Sie ernährt sich vernünftig. Und – ganz wichtig – sie machte sich auf die Suche nach einer passenden Gruppe. Durch den Volleyballverein, eine bunte Studentenmannschaft, ersetzte sie in gewisser Weise ihre Familie. Leni hat unausgesprochen ihren Eltern den Auftrag, ein von anderen Menschen unabhängiges Leben zu führen, zurückgegeben. Der Auftrag *Du bist unser Besitz* führte in die Isolation. Nochmal in aller Deutlichkeit: Dem Auftrag lag folgende Botschaft zugrunde:

Wir als Eltern sind die Nummer eins für unser Kind.
Und das muss so bleiben, damit wir nicht einsam werden.

Wenn es (fast) kein Glück zu schmieden gibt

Es ist kurz vor neun. Julian steht neben einer modernen Fräse in einer Schreinerei für Fensterrahmen und Türen. Unsicher tritt er von einem Bein auf's andere und steht mal dem einen und mal dem anderen Gesellen im Weg. Eine Organisation für auf dem Arbeitsmarkt schwer vermittelbare Jugendliche hat hier für ihn einen Vorvertrag ausgehandelt, aus dem nach zwei Jahren vielleicht eine Lehrstelle werden soll.

Nach drei Wochen schickt der Meister, ein geduldiger, im Umgang mit Jugendlichen erfahrener Mann, den Jungen nach Hause. Für Julian nichts Neues. Aus dem Schlachthof hat man ihn auch schon nach Hause geschickt. Und als Beikoch ist er ebenfalls zu ungeschickt. Gleich am zweiten Tag hat er sich derart geschnitten und eine Woche später die Hand verbrüht, dass der Chefkoch das Risiko nicht weiter tragen mochte.

Eine Frau von der Arbeitsagentur hat sich bei Julians

Klassenlehrer angesagt. Sie will ihn um ein individuelles Förderkonzept bitten. Und er soll dem Jungen einmal ordentlich ins Gewissen reden, damit er endlich was tut.

Der erfahrene Lehrer sagt Folgendes: *Es liegt nicht an der falschen Ausbildung. Man kann so jemanden nicht über Bildung und Förderkonzepte für einen Beruf fähig machen. Er wird nur weitere Niederlagen einstecken müssen. Sehen Sie das bitte ein. Auch nicht durch schulischen Unterricht mit noch so individuellem Förderplan ist ein solcher Junge lernfähig. Dieser Anspruch, wenn man nur genug und die richtige Bildung anbietet, dann wird was aus den jungen Leuten, dient lediglich der Gewissensberuhigung. Es ist nur ein Aushängeschild, um zu demonstrieren, wie sehr man sich doch um die Bildung aller kümmert. Leuten wie Julian kann die Schule in unserer jetzigen Form nicht helfen.*

Die Frau schüttelte verärgert den Kopf und ging.

Julians Lehrer hat nur ausgesprochen, was Tatsache ist. Eine bedauerliche Tatsache, die den Lehrern und den Meistern bekannt ist. Diese übliche Leier nach noch mehr Bildung greift hier nicht.

Es gibt viele sogenannte Risikoschüler wie Julian. Zu viele. Und es gibt viele verschiedene Gründe, warum sie nur in engen Grenzen bildungsfähig sind. Der Ruf nach dem Einschreiten der Schule ist sinnlos. Er dokumentiert lediglich die Ohnmacht der Politiker, die wegen ihrer Basisferne Menschen wie Julian nicht kennen. Von Schule und ihren aktuellen Problemen – zu große Klassen, zu viele Kinder mit mangelnder Sprachkenntnis, zu viele Verhaltensauffällige – haben sie offenbar wenig bis keine Ahnung. Diese Ahnungslosen verhindern im Grunde, wo man ansetzen müsste: In der Familienhilfe, solange die Kinder noch klein sind.

Häufig ist die folgende Ursache für eine über die Maßen

begrenzte Bildbarkeit verantwortlich: Kinder haben in den ersten Entwicklungsphasen Programme durchlaufen, die im Extremfall nahe an ein Trauma reichen. Sie lernten fast ausschließlich negative Glaubenssätze. Niemand hat bei ihnen ein angemessenes, gutes Verhalten durch ein Lob positiv verstärkt. Stattdessen blieben sie sich entweder selbst überlassen oder man hat ihnen ihre Schwächen vorgebetet. So haben sie Glaubenssätze entwickelt, die ihre Schwächen festzementieren. Sie sind als Looser geprägt.

Dabei handelt es sich um Schwächen, die im Grunde jedes Kind hat. Zum Beispiel sagte man ihnen, *siehst du, habe ich ja gleich gesagt, dass du das nicht kannst.* Oder: *Dein großer Bruder ist klug. Warum schaffst du nicht, was er schafft?* Zerstörerische Sätze, die sich unfreiwillig einprägen. Sätze, die mutlos machen; die dafür sorgen, dass man aufgibt, bevor man richtig angefangen hat. Einem anderen Kind mit ähnlicher Veranlagung hat man gesagt: *Schön, dass du es probiert hast. Beim nächsten Mal wird es klappen.* Aufbauende Sätze, die ermutigen, etwas zu versuchen, Ungewohntes auszuprobieren.

Die Häufigkeit solcher Sätze machen das Programm aus, nach dem unsere Denke abläuft. Du erinnerst dich: Die Synapsenbildung ist unerbittlich. Das biographische Gedächtnis lässt sich nicht austricksen. Und die mit solch einem Negativprogramm ausgestatteten Menschen sind nicht in der Lage, den Auftrag *Du kannst nichts* zurückzugeben. Zu sehr haben sich die unguten Du-Botschaften ins Gehirn gemeißelt.

Vielleicht wurde mit ihnen ganz einfach zu wenig gesprochen. Sie hatten keine anregende Umwelt, waren sich zu oft und zu lange selber überlassen.

Leute wie Julian haben, wenn man ehrlich ist, kaum eine Chance, ihr Glück zu schmieden. Wie auch. Täglich erfahren sie aufs Neue, wie ungeschickt, dumm, unbrauchbar sie sind. Man muss es ihnen schon nicht mehr sagen. Längst spüren sie das auch ohne Worte.

In Kanada ist Folgendes zu beobachten: Hinter der Kasse stehen junge Leute und tüten die Artikel ein, bringen manchmal den Einkaufswagen eines älteren Kunden bis zum Auto und helfen, den Einkauf in den Kofferraum zu hieven. Auch tauchen sie in Baustellenbereichen auf. Ebenso in Restaurants, wo sie einfache Tätigkeiten wie Geschirr abtragen oder Tische reinigen verrichten.

Bei uns gibt es vereinzelt Selbstversorgerhöfe, in denen man Leute wie Julian unterbringen kann. Auch sind sie in Gärtnereien gut aufgehoben, wenn es möglich ist, ihnen zumindest ein gewisses Maß an Geschicklichkeit und Arbeitsmoral beizubringen

Richtig wäre, statt dieser hilflosen schulischen Förderkonzepte, von denen jeder weiß, dass sie reine Zeitverschwendung und obendrein teuer sind, einfachste Arbeitsplätze zu schaffen, wie es sie früher gab. Denn die komplizierte Technisierung verhindert, dass Menschen wie Julian noch irgendwie an ein Quäntchen Selbstbestätigung gelangen können. Und ohne Anerkennung, ohne das kleinste Bisschen Selbstwertgefühl kann kein Glücksempfinden aufkommen. Da ist es sehr schwer, sich für irgendetwas zu motivieren. So erfahren solche Jugendliche nicht, wie es sich anfühlt, wenn man spürt, hier bin ich richtig; hier kann ich etwas Sinnvolles ausrichten.

Nicht umsonst ist im Grundgesetz das Recht auf Arbeit verankert. Ein unglaublich wichtiger Beschluss der damaligen Landesväter. Ob sie daran gedacht haben, wie sehr das persönliche Glück mit der Arbeit zusammenhängt?

Noch etwas zeigt Julians Fall: Dass man den höchsten

Betrag, der für Bildung ausgegeben wird, in die Früherziehung stecken sollte. Denn besonders in der Kleinkindphase können familiäre Erziehungsversäumnisse ausgeglichen werden. Man muss in Schadensbegrenzung investieren. Mit Kita-Gruppen von 15 bis 20 Kindern stehen die Erfolgsaussichten allerdings gegen Null. Trotzdem gibt es auch für Julian einen Rettungsanker. Er muss nur zugreifen:

Rock your life

Ein Netzwerk aus ehrenamtlich engagierten Studierenden in 51 Vereinen hat es sich zur Aufgabe gemacht, sich jeweils für mindestens ein Jahr in einer eins-zu-eins-Betreuung einem Hauptschüler zu widmen, um ihn zu unterstützen und aufzubauen, damit er einen Weg für sich finden kann. Einzige Voraussetzung: Der Schüler/die Schülerin sollte soweit motiviert sein, sich helfen zu lassen. Zu dem Netzwerk gehören verantwortungsvolle Unternehmen und die ROCK YOUR LIFE! GmbH als Dachorganisation, die sich tatkräftig für mehr Bildungsgerechtigkeit und Chancengleichheit für junge Menschen einsetzen. Leider sind die für Rock your Life hauptberuflichen Mitarbeiter der Dachorganisation auf Spenden angewiesen, um ihren Lebensunterhalt zu sichern. Wohl gemerkt: Es handelt sich um Sozialarbeiter, Psychologen, um Akademiker/innen, die meisten mit Masterabschlüssen. Schade, dass einer solch hilfreichen Organisation nicht vom Bund richtig viel Geld zur Verfügung gestellt wird, damit sie dauerhaft bestehen kann und ihre Mitarbeiter angemessen entlohnt würden. Auch wäre es wünschenswert, den betreuenden Studenten zumindest einen kleinen Obulus für ihr Engagement zukommen zu lassen. Jugendliche wie Julian hätten zumindest eine kleine, allerletzte Chance, Hartz4 zu entkommen.

Geld macht nicht glücklich

Glaub das bitte nur unter Vorbehalt. Eine Studie der US-Uni Princeton kommt nämlich zu einem interessanten Ergebnis:

Lebensqualität und emotionales Wohlbefinden steigen mit dem Einkommen. Allerdings ist dies nur bis zu einem Jahresbetrag von etwa 60000€ der Fall. Noch mehr Geld steigert das Glücksempfinden in keiner Weise. Bei deutlich höheren Einkommen wird vermutet, dass die Menschen derart in ihrer Arbeit gefangen sind, dass sie zu viel Stress, zu wenig Zeit, zu hohes Risiko fahren. Aus diesen Ergebnissen der Studie folgern die Autoren, „dass Geld Lebenszufriedenheit kauft, aber kein Glück".
(Studie zur Einkommenszufriedenheit. Tagesschau vom 7.9.2010)

Bei zu geringem oder gar keinem Lohn sind die Emotionen im Keller. Ohne Wertschätzung und das Gefühl, seinen Lebensunterhalt zu verdienen, sind die Menschen unglücklich. Und zwar dauerhaft. Und damit sind wir wieder bei dem im Grundgesetz verankerten Recht auf Arbeit gelandet – siehe oben.

Besonders problematisch erscheint, dass Wohnraum immer teurer wird. Viele Dokumentationen aus den Medien belegen, dass die Wohnungsnot dramatische Ausmaße annehmen wird – schon aufgrund der Tatsache, dass etliche Leute aus der Stadt und damit aus ihrer Wohnung ausziehen müssen. Die Regierung in Deutschland weiß das, sie reagiert aber nicht. Der soziale Wohnungsbau ist am Ende. Soweit die blanken Tatsachen. Menschen wie Julian bleibt oft gar nichts anderes übrig, als bei den Eltern oder einem Elternteil wohnen zu bleiben. So kann er kaum Eigenverantwortung lernen.

Glück durch Luxus?

Wenn man zum Thema Glück recherchiert, landet man irgendwann unweigerlich bei Epikur. Hast du dir diesen Herrn auch bisher als unverbesserlichen Schlemmerphilosophen und Lustmolch vorgestellt? Ich gestehe, in Sachen Epikuräer einem weit verbreiteten Missverständnis auf den Leim gegangen zu sein.

Sollte dir die Person Epikur und seine Lehre schnuppe sein, dann lies einfach unter dem Kästchen die Zusammenfassung von Friedrich Nietzsche.

Epikur gilt als Verkünder der Heilsbotschaft des Glücks.

Er war ein griechischer Philosoph der Antike, der von 341 bis 271 vor Christus lebte. Bereits mit 14 Jahren philosophierte er über alles Mögliche, besuchte auch schon Philosophieschulen, bis er sich als Erwachsener unter anderem mit dem Thema Lebensglück auseinander setzte. Das Seelenheil und das Glück waren seine Hauptthemen, unter denen er alles andere betrachtete: Politik und Gesellschaftslehre, Ethik, Ernährung, Freundschaft.

Seine Vorstellungen vom Seelenheil waren ausgesprochen irdisch. Er verkündete nämlich, dass man zu Lebzeiten auf das Glück abzielen soll. Für Epikur endete das Leben nämlich unweigerlich mit dem Tod, bei dem sich auch die Seele in Nichts auflöst. Dementsprechend zielte seine Lehre darauf ab, jeden Tag zu genießen. Am besten jeden Augenblick des Lebens – nur so käme Lebensfreude auf. Er war also ausgesprochen diesseitsbezogen, was wohl zur Folge hatte, dass man ihn heutzutage eher als hemmungslos und ausschweifend in Erinnerung hat. Gerade so, als verkörpere er einen antiken Mister Hyde, der ohne Rücksicht auf Verluste schlemmt.

Was machte den typischen Epikuräer aus? *Heil dir im Siegerkranz, nimm, was du kriegen kannst?*
Nein. Epikurs Glücksprinzipien lesen sich heutzutage vergleichsweise bescheiden.
Die Grundbedürfnisse wie Essen, Trinken und Schutz gegen Kälte sollen uneingeschränkt befriedigt werden. Sexualität dient zwar der Lust, im Zweifel könne man aber auf sie verzichten.
In einem seiner Briefe zeigt sich, wie leicht einen das Glück finden kann:
Auch die Unabhängigkeit von äußeren Dingen halten wir für ein großes Gut, nicht um uns in jeder Lage mit Wenigem zufrieden zu geben, sondern um, wenn wir das Meiste nicht haben, mit Wenigem auszukommen, weil wir voll davon überzeugt sind, dass jene, die den Überfluss am meisten genießen, ihn am wenigsten brauchen, und dass alles Natürliche leicht, das Sinnlose aber schwer zu beschaffen ist und dass eine einfache Brühe die gleiche Lust bereitet wie ein üppiges Mahl [...] und dass Wasser und Brot die höchste Lust bereiten, wenn man sie zu sich nimmt, weil man Hunger hat. (Brief an Menoikeus, zit.n. Nickel 2005, S. 119f. - Wikipedia)
Eine einfache wie überzeugende Darlegung von Glück: Genießen, dass man bekommt, was man wirklich braucht.
Die Gewöhnung an einfache und nicht üppige Nahrung dient also einerseits der Gesundheit und nimmt andererseits auch dem Menschen angesichts der Grundbedürfnisse des Lebens die Sorgen.
Epikurs philosophische Schule gründete sich auf Freundschaft, worin er das höchste Gut sah. Er besaß einen Garten, den man sich wohl als halb öffentlich vorzustellen hat. Ihn besuchten Leute aus allen sozialen Schichten. Männer, Jungen, Sklaven, sogar Frauen durften herein, was als skandalös empfunden wurde. Von

ausschweifendem Luxusleben fehlte allerdings jede Spur. Die Epikuräer waren in Wirklichkeit ziemlich arme Schlucker. Sie haben in besagtem Garten höchst einfach gelebt. Epikur brauchte nur wenig zu seinem Glück, wie der folgende Briefauszug beweist: *Schicke mir etwas Käse, damit ich einmal lecker essen kann, wenn mich die Lust dazu ankommt.* (Luciano DeCrescenzo: „Geschichte der griechischen Philosophie. Von Sokrates bis Plotin." 1990, Diogenes Verlag)

Epikur vertrat also eine Art kleines Alltagsglück, was der Philosoph Friedrich Nietzsche auf den Punkt bringt: *Ein Gärtchen, Feigen, kleiner Käse und dazu drei oder vier gute Freunde - das war die Üppigkeit Epikurs.* (Friedrich Nietzsche: Werke I. Menschliches, Allzumenschliches. 6.Aufl. Frankfurt/M u. a.: Ullstein, 1969, S. 954)
Überzeugend, nicht wahr?

Glücksdiebe: Sozialvampire

Vielleicht kommt dir die folgende Geschichte bekannt vor:
Anne, zweifache Mutter, arbeitet in Teilzeit in einer Kindertagesstätte. Melanie steht beinahe jeden Tag mit Leichenmiene auf der Matte.
Ich dachte, ich klingel mal kurz an. War heute wieder so scheiße in der Firma. Aber so was von!
In den Tagen dazwischen ruft sie an.
Anne, schon als Kind mit dem Auftrag *Im Zuhören bist du spitze* ausgestattet, hört zu. Denn die Glaubenssätze hat sie als kleine Schwester von drei Brüdern gelernt:
Ich höre zu bis zur Selbstaufgabe.
Ich bin klein und unwichtig.
Wichtig sind die anderen.
Nur wenn ich zuhöre, finden mich die anderen toll.

Sie stellt Fragen zu der vertrackten Situation, die Melanie wahlweise in der Kantine, auf dem Flur, in ihrem Großbüro, auf der Toilette, beim Frühstück, auf dem Hin- oder Heimweg erlebt hat. Mit ihren Kollegen, mit dem Personalchef, mit der hauseigenen Psychologin, mit der speziellen Kollegin, diesem Luder, mit wem auch immer.

Einmal hebt Anne an, dass im Kindergarten zwei Kolleginnen gleichzeitig schwanger sind und kein Ersatz gestellt wird, weshalb sie .... . Weiter kommt sie nicht, denn Melanie legt los, dass erst letzte Woche die halbe Belegschaft auf krank gemacht habe. Deshalb breche gerade ihr Schreibtisch zusammen. Und ihr Chef sei ein absoluter Oberidiot – genauso bescheuert wie diese ganzen Zicken auf ihrer Etage.

Auch spät abends noch ruft sie an. Die Telefonate enden selten vor einer Stunde – es sei denn, Anne kann ihre Kinder absolut nicht länger vertrösten und muss sich kümmern. „Wenn ich dich nicht hätte", strahlt die gepeinigte Melanie nach jedem Besuch und am Ende jedes Telefonats durch die Leitung, die Stimme auf Erleichterung und glücklicher Fügung. Gut, dass Anne selten am Computer sitzt – keine Zeit – und ihr Handy meistens ausgeschaltet hat.

Fragt Anne ein paar Tage später, wie sich der Konflikt mit ihrem Chef, mit dem Kollegen X oder der Kollegin Y entwickelt hat, und ob Melanie sich nun wenigstens beim Abteilungsleiter über die viele Arbeit beschwert habe, guckt Melanie groß, bündelt ihre Gedanken und gerät ins Improvisieren. *Was für ein Konflikt? Welche Beschwerde?*, wäre die ehrliche Reaktion auf Annes von Fürsorge getriebenes Nachfragen gewesen.

Annes Mann stellt immer öfter fest, dass seine Frau einen müden, abgespannten Eindruck macht, aber Anne antwortet auf seine Fragen, es sei nichts Besonderes vorgefallen. Still und ein wenig leidend sagt sie das. Außer Melanie sei niemand da gewesen, außer Melanie habe auch keiner angerufen.

Irgendwann beginnt sich Andreas dafür zu interessieren, was Melanie denn so erzählt.

Ach weißt du, sagt Anne, *Melli hat so ein schwieriges Leben. Wenn sie doch endlich eine andere Stelle bekäme.*

Mit Annes Rat und Hilfe bewirbt sich Melanie endlich bei anderen Firmen und bekommt tatsächlich bald eine neue Stelle. Es dauert keine Woche, da geht die Jammerei wieder los, weil der Chef, die Mittagspause, der Kollege und überhaupt.

Am Ende ist Anne geschafft, und die Freundin fühlt sich verstanden.

Dass es sich bei Vampiren um Blutsauger handelt, die sich bei Menschen ihrer Lebensgrundlage bedienen, ist bekannt. In den einschlägigen Filmen pendeln diese Figuren irgendwo zwischen Horror, Erotik und Grusel. Sie nehmen einem nach und nach alles – zuletzt das Leben als menschliches Erdenwesen. In der Literatur, der Filmbranche und in geschichtlichen Aufzeichnungen wird Vampirismus in dem oben genannten Zusammenhang definiert. Die sogenannten Untoten bedienen sich mit dem fremden Blut der Energie anderer Leute, um dadurch Stärke zu gewinnen.

Ausbluten funktioniert auch in übertragenem Sinn. Es ist ein Bild (Metapher) für ein ungutes Beziehungsgeflecht. Der Vampir Melanie (*Vampirette* würde es genauer treffen) benötigt ein Opfer. Anne empfindet sich aber nicht als Opfer. Aus ihrer Sicht erfüllt sie lediglich ihren Auftrag als gute Zuhörerin. Daraus schöpft sie ihre Wertschätzung. Deshalb setzt sie Melanie keine Grenzen. Dabei zeigen Melanies oberflächliche Reaktionen, dass sie

Annes Rat nicht wirklich wertschätzt. Sie weiß schon am nächsten Tag kaum noch, worum es bei ihrer Jammerei vom Vortag eigentlich ging. Sie müllt andere nur mit ihren Problemen zu und hat die ganze Aufmerksamkeit. Gäbe es jemanden wie Anne nicht, würde Melanie ziemlich bald von anderen gemieden. Die meisten Menschen haben nämlich bald keine Lust mehr auf ihr Gejammer.

Melanie hat die Krise einer wesentlichen Stufe ihrer geistig-sozialen Entwicklung nicht erfolgreich bewältigt. Dies könnte die zweite Stufe sein, bei der es um Wahrnehmung des Selbst geht. Sie fühlt sich nicht fähig, Ereignisse zu kontrollieren. In dem Fall nimmt sie in Anspruch, dass andere ihr das Gefühl geben, nicht selber an den Missständen schuld zu sein. Dass es sich dabei in der Mehrzahl um eingebildete, zumindest aufgebauschte Missstände handelt, zeigt, dass Melanie keine Frustrationen ertragen kann. Unser Alltag ist aber voll davon.

Oder Melanie hat auf der dritten Stufe nach Erikson kein Vertrauen auf die eigene Initiative aufbauen können. Nun leidet sie an mangelndem Selbstwertgefühl. Sie verlangt indirekt von ihrer Freundin die Bestätigung, dass die Dinge aber auch wirklich vertrackt sind und dass sie dringend Hilfe nötig hat, aus dem jeweiligen Dilemma herauszukommen. Möglicherweise ist Melanie aber ganz einfach nur einsam und leugnet das Bedürfnis nach Nähe (Stufe 6), holt sie sich aber, indem sie Annes Auftrag ausnutzt, immer gut zuzuhören. Annes Pflichtgefühl (*Über-Ich*) verbietet ihr, Melanie hinauszuwerfen – und Melanie spürt das.

Sozialvampire wie Melanie sollte man sich tunlichst vom Hals halten. Man kann ihnen nicht wirklich helfen, weil die eigentlichen Probleme in ihrer geistig-sozialen Entwicklung liegen. Und wenn man sich selber in der Rolle des ewigen Zuhörers mit beratender Funktion nicht mehr wohl fühlt, tut man gut daran, den Auftrag zurückzugeben (siehe Leni).

Klar, dass Freud Melanie seine Couch anböte. Schon deshalb, damit Anne ihre Ruhe hat und wieder auftanken kann.

Und Anne? Sie wird lernen, sich abzugrenzen.

Die Geheimlehre der Glückshaut besteht auch darin, sich seiner (Glücks-)Haut zu wehren.

Den Auftrag aufspüren

Für das Aufspüren solcher geheimer Aufträge, die dem Glück buchstäblich im Wege sind, kann eine Therapie sehr hilfreich sein. Therapeuten haben auch Ahnung, welches mentale Training dazu geeignet ist, das eigene Verhalten zu ändern. Nicht mehr auf das eigene eingefahrene Programm hereinzufallen, sondern bewusst gegenzusteuern. Eine genaue Betrachtung, wie man die Krisen der jeweiligen Entwicklungsstufe gemeistert hat, ist dabei hilfreich.

Leni brauchte zwar keine Therapie, denn aufgrund der elterlichen Liebe und der Nähe zu den Großeltern hatte sie die frühkindlichen Stufen für sich entschieden. Sie war demnach mit einer guten Basis ausgestattet, an die sie später, also mit etwa 19 Jahren, anknüpfen konnte, um die problematischen Jugendphasen im Nachhinein aufzuarbeiten.

Und wie gesagt – ihren Trainer und *Freud*-Ersatz hat sie geheiratet. Die Silberne Hochzeit, die sie vor wenigen Jahren feierten, spricht für eine glückliche Wahl.

Wie man Menschen wie Julian umprogrammiert, denen jedes Maß an Selbstbewusstsein und Selbstwertgefühl fehlt, muss jemand entscheiden, der vom Fach ist. Ein Familienpsychologe, ein Coacher, eine Initiative wie

Rock your Life.

Glücksverhinderer

Lenis Eltern sind keine schlechten Menschen. Aber durch den verdeckten Egoismus verhinderten sie lange Lenis Glück. Sie wollten sie besitzen. Möglichst für immer.

Die meisten Aufträge, verpackt als Du-Botschaften, haben ein egoistisches Motiv. Das Kind soll funktionieren. Auseinandersetzungen strengen an und sind deshalb unerwünscht. In Lenis Fall lauteten sie: *Du hast doch uns. Du hast es nicht nötig, dich mit einem Geschenk beliebt zu machen. Du bist bei uns am besten aufgehoben.*

Statt dem kleinen Bruder zu helfen, ihn auf eine für ihn passende Schule zu schicken, also initiativ zu werden, hält man ihm vor, er sei nicht in der Lage, dem großen das Wasser zu reichen. Auf jemanden hinabblicken lenkt von der eigenen Unfähigkeit ab, sich Missstände und Fehlentscheidungen einzugestehen.

Ein chaotischer Vater beschimpft seine Tochter wegen ihrer Unordnung. Oft stellt man genau die Schwächen seines Kindes heraus, die man selber hat. Eine Art Ablenkungsmanöver, das man schon vor 2000 Jahren entlarvt hat.

Was siehst du den Splitter im Auge deines Nächsten, aber den Balken in deinem Auge nimmst du nicht wahr? (Matthäus 7,3)

Das Dumme ist nur, dass Kinder noch nicht durchschauen, dass der Erwachsene das bei seinem Sohn/seiner Tochter bemängelt, was bei ihm selber besonders ausgeprägt ist.

Auch auf eine andere Weise wird von eigenen Problemen abgelenkt. Ungewollt überträgt man sie auf das eigene Kind. Der Erwachsene interpretiert

185

Verhaltensweisen seines Kindes, unter denen er in der eigenen Kindheit selber gelitten hat. Zum Beispiel hat er immer die Nägel abgekaut. Ob aus Langeweile oder Nervosität spielt hierbei keine Rolle. Nun beobachtet er seinen Sohn bei demselben Verhalten. Schon bald spricht er Verbote aus, erinnert das Kind immer wieder daran, die Finger aus dem Mund zu nehmen. Dadurch stellt man das Problem – hier das Nägelbeißen - über die Maßen in den Mittelpunkt des Alltags. Es wird präsent. Ohne dass man es will, verstärkt man auf diese Weise die Unsitte. Man erreicht also das glatte Gegenteil von dem, was man eigentlich wollte. Das liegt daran, dass besonders stark auf das Verhalten, was man nicht mag, geachtet wird und sich alle Worte, Feststellungen, Verbote einprägen. Manchmal ist Ignorieren die bessere Lösung.

Kapitel 32

Glück: Die Rolle von Biologie und Philosophie

Descartes, der berühmte Philosoph aus Frankreich, steht bereits vor vierhundert Jahren für die Zweiteilung von Körper und Seele. Das Fachwort Psychosomatik verweist begrifflich auf diesen Denkansatz: Psyche (aus dem Griechischen) bedeutet *Atem, Hauch, Seele,* Soma heißt so viel wie *Körper, Leib, Leben.*

Medizinisch betrachtet hat die Psyche Auswirkungen auf die physische Gesundheit. Umgekehrt kann ein körperliches Defizit die Seele schädigen.

Obwohl Descartes nur Tiere auseinandergenommen (seziert) hat und also keine Menschen, hat er sich über ein kleines menschliches Organ Gedanken gemacht.

Es gibt eine kleine Drüse im Gehirn, in der die Seele ihre Funktion spezieller ausübt als in jedem anderen Teil des Körpers (Les Passions de l'âme, Art. 31)

Es geht um die Zirbeldrüse. Und es sieht ganz danach aus, als ob Descartes etwas Wesentliches mit seinem Satz in die Welt gesetzt hätte.

Mitten im Gehirn – und zwar wirklich genau in der Mitte - sitzt die Zirbeldrüse. Sie ist klein wie eine Erbse, hat aber eine riesengroße Verantwortung für das Zusammenspiel zwischen Körper und Geist, was ja bekanntlich für unser Glücksempfinden von Bedeutung ist. Spirituell betrachtet ist sie unser drittes Auge. Aber der Reihe nach.

Ganz bodenständig sorgt die Zirbeldrüse als wichtiges Verwaltungsorgan unseres Hormon- und Nervensystems für den Tag-Nacht-Rhythmus. Das am Tage im Gehirn gebildete Serotonin (Glückshormon) wandelt sie in der Dunkelheit um in Melatonin, das Hormon, das den Wach-Schlaf-Rhythmus steuert, das Einschlafen fördert und überhaupt für das gesamte Schlafverhalten verantwortlich ist. Im Laufe der Menschheitsentwicklung (Human-Evolution) schrumpft die ursprünglich im Durchmesser drei Zentimeter große Drüse, die über ein vielfach verzweigtes Netz kleinster Blutbahnen verfügt, immer mehr. Dabei ist sie wegen ihrer guten Durchblutung immer genauestens darüber informiert, was in unserem Inneren so abgeht. Dumm, dass sie offenbar stetig kleiner wird. Wir folgen nämlich längst nicht mehr dem Lebensrhythmus, den die Natur vorgibt. Das liegt am künstlichen Licht, mit dessen Hilfe wir die Nacht zum Tag machen. Und am Tag können wir aus Arbeitsgründen oftmals kaum nach draußen, tanken also zu wenig Sonnenlicht. Kein Wunder, dass alle Welt unter Schlafstörungen leidet. Die mangelnde Nachtruhe beeinträchtigt die Zirbeldrüse bei ihrer Arbeit. Also verkalkt sie rascher als zu der Zeit, als die Welt noch nicht nachts künstlich beleuchtet wurde. Dabei organisiert sie tageslichtabhängig und in Entsprechung der Jahreszeit wesentliche Elemente des Hormonhaushalts, organisiert also entsprechend der Verhältnisse von hell und dunkel die Produktion und Ausschüttung von Melatonin.

Melatonin ist das Schlafhormon, dessen Bildung mit angehender Dunkelheit gesteigert wird. Ohne Melatonin würden wir weder träumen noch könnte der Körper regenerieren. Man stelle sich vor: keine Reparatur defekter Zellen, keine Zellerneuerung. Wir hätten längst keine Spiegel mehr, in die wir morgens hineinblickten, weil wir in Anbetracht unserer wie im Zeitraffer zu beobachtenden Alterung schreckensbleich zurück ins Bett taumelten. Kein Wunder, dass Melatoninmangel Krankheiten begünstigt wie Krebs, Alzheimer, Parkinson und natürlich das Erschöpfungssyndrom. Ach ja – ganz wichtig: Melatonin reguliert außerdem die Sexualhormonausschüttung und hellt überhaupt die Stimmung auf – mit und ohne Sex.

Das andere Hormon wurde bereits in vorherigen Kapiteln vorgestellt: Serotonin, das ganz entscheidend unsere Gefühle steuert. Alles, was unter Empathie fällt, also Mitgefühl, Mitleid, Einfühlungsvermögen, ist demnach von der Funktionalität der Zirbeldrüse abhängig. Übrigens hemmt Serotonin auch Aggressivität. Wird von diesem Hormon zu wenig gebildet, sind wir depressiv, gereizt, haben ganz einfach schlechte Laune. Serotonin ist DAS Glückshormon schlechthin. Wird es zu wenig gebildet, kann auch nicht ausreichend Melatonin hergestellt werden. Glück und Schlaf hängen eng zusammen, denn hormonell bedingen sie sich wechselseitig. Gut zu wissen, oder?

Warum nennen viele die Zirbeldrüse *das dritte Auge*? Das Organ ist über die Verschaltung mit dem Sehnerv lichtempfindsam. *Das dritte Auge* steuert unsere innere Uhr. Vor allem ist aber Folgendes damit gemeint: Durch die Hormonausschüttung ermöglicht *das dritte Auge* den Blick hinter die Fassade, wozu Empathie die Voraussetzung ist. Und die hängt vom Serotoninspiegel ab.

Außerdem wird vermutet, dass die Zirbeldrüse eine Substanz mit berauschender Wirkung produziert, ähnlich wie eine Psycho-Droge (LSD zum Beispiel). Dieser Stoff (DMT – Dimethyltryptamin) hat das Zeug, Empfindungen hervorzurufen wie man sie bei Erlebnissen beobachten kann, die durch rituelle Beschwörungen erzeugt werden (Schamanentum). Auf jeden Fall kann inzwischen DMT im menschlichen Körper nachgewiesen werden. Sie wird als Substanz eingestuft, die außersinnliche Wahrnehmung und Spiritualität bewirkt. Die

Zirbeldrüse ist sehr wahrscheinlich dafür verantwortlich, dass der Mensch beim Sterben nicht restlos durchdreht. Denn DMT ist vermutlich der Stoff, der uns am Lebensende in einen angenehmen Dämmerzustand versetzt. Im Idealfall dämmern wir glücklich dem uns bestimmten Ende entgegen. Ein Gefühl wie *nach Hause kommen* – unabhängig davon, ob wir religiös eingestellt sind oder nicht. Im Angesicht des nahenden Todes fühlen wir uns mit uns selber im Reinen, erleben uns als Wesen jenseits des vom Verfallsdatum als nicht mehr regenerationsfähig eingestuften Körpers. Beruhigend, nicht wahr?

Man kann die Zirbeldrüse durchaus bei ihrer wichtigen Arbeit unterstützen. Den Serotoninspiegel und damit unsere Stimmung in Richtung Glück heben zum Beispiel Erdnüsse, Cashew- und Sonnenblumenkerne, Sojabohnen, Sesamkörner, Linsen. Ganz wesentlich wird die Arbeit der Zirbeldrüse durch viel Konstanz in unserem Lebensrhythmus gestärkt. Wir berücksichtigen weitgehend den natürlichen Tages- und Nachtrhythmus der Jahreszeiten, gehen zu festen Zeiten ins Bett, stehen zur selben Uhrzeit auf und stören die Serotonin- und Melatoninproduktion möglichst wenig.

Kapitel 33

Ratgeberei

Der Unterhaltungsaspekt

Der Wunsch nach dem Angeln des Glücks hat unzählige Ratgeber auf den Plan gerufen. Sie bewegen sich zwischen positivem Denken, kultigen Grundlebensmustern, wie sie zum Beispiel Feng Shui bieten möchte, und Aufräumarbeiten im Gehirn. Die Buchhandlungen sind voll von entsprechender Literatur. Sicher sind viele dieser Angebote spannend und hilfreich, da der Mensch in der Lage ist, sich zumindest in einigen Punkten nach passender Lektüre selber zu beeinflussen. Sozusagen in Selbsthypnose sich vorzusagen, dass die Dinge seines Lebens Sinn machen, dass er die Arbeit schafft und ein fröhlicher Mensch ist, um es sehr vereinfacht auszudrücken.

Lass dich ruhig gut unterhalten. Doch bleib dir gegenüber ehrlich: So wirklich weiter helfen Ratgeber eher selten. Stimmt's?

Gefährliche Ratgeber

Natürlich läuft das Umpolen von Handlungsmustern nicht so banal ab wie es manchmal den Anschein macht. Letzten Endes erreicht man ein besseres Selbstwertgefühl nicht ohne eine nachhaltige Manipulation der bisherigen Denkweise. Und, wie gesagt, in vielen Fällen sollte man sich Hilfe holen.

Hierin besteht die Gefahr: Gurus und Sekten warten geradezu auf Unglücksraben, um sie mit offenen Armen zu umschlingen und sich an der Manipulation zu beteiligen. Doch Schlingpflanzen sind keine Fische, die man lernen sollte zu angeln. Schau dir die unverdrossen grinsenden Scientologen an, die vorgeben, *I'm so happy,* alles im Griff zu haben. Jede Art von ideologischem Überbau, der beansprucht, das *Über-Ich* zu übernehmen, stellt einen fragwürdigen Bruch mit der bisherigen Lebensbiographie dar. Und wehe, die Ersatzreligion erweist sich als Flop. Dann ist plötzlich niemand da, weil durch den Ausschließlichkeitsanspruch von Sekten alle früheren Freunde abgehakt werden mussten, sich vielleicht auch aus eigener Initiative abgewendet haben. Der nach dem Glück Suchende ist in eine neue Einbahnstraße geraten. Dann doch besser in die Buchhandlung um die Ecke oder in die Bibliothek und sich an diversen Glücksrezepten erfreuen. Wie war das? Genau: Alleine die Beschäftigung mit dem Glück macht glücklich, stellt der Schulleiter der Heidelberger Willy-Hellpach-Schule fest.

Entscheidungsfreiheit?

Sich selbst erfüllende Prophezeiung, Entwicklungsstufen, Umwelt. Wo bleibt die freie Entscheidung?
Unser biographisches Gedächtnis ist unerbittlich. Oder vielleicht doch nicht völlig?
Welche Fragen kann man stellen, um dem Mangel an Glück in der eigenen Lebensgeschichte auf die Spur zu kommen? Und wenn es gelingt, das Glück einzukreisen, könnte man es dann nicht mal öfter abrufen, damit sich ein froher Gedanke einstellen kann? Und wäre es nicht möglich, bei häufiger Erinnerung an das Glück die Glückssynapsen ans Wachsen zu bringen?
Fiese Situationen erlebt jeder von uns. Manches ist so peinlich und schrecklich, dass alleine der Gedanke daran

runterzieht.

Was könnte gut daran sein, dass ich gemobbt wurde? Nichts. Wirklich gar nichts. Aber gab es da nicht die Freundin, die stundenlang zugehört hat? Die mich getröstet hat? Spüre ich nicht noch ihre Hand auf meinem Rücken? Und wie der Druck langsam nachließ, als ich die Stelle gewechselt habe?

Was war so toll, dass mein Physiklehrer in der Mittelstufe ein so unerbittlicher und zynischer Mensch war? Dass ich jedes Mal panische Angst hatte, schon als ich den Physikraum betreten habe? Nichts war gut daran. Aber wie haben wir in der Klasse zusammengehalten und endlich den Mut gefunden, uns beim Klassenlehrer über diesen Menschen zu beschweren.

Du merkst schon, es geht um einen Wechsel der Betrachtungsweise.

Perspektivwechsel

Liegt die Lösung darin, Probleme schönzureden?
Nein.

Ein zynischer Lehrer bleibt auch in der Erinnerung unerträglich. Beschämende Erlebnisse lassen einen noch Jahre später im Boden versinken. Und Trauer oder Verlustgefühle mindert vielleicht die Zeit ein wenig, wenn sie es gnädig mit uns meint.

Aber alles, was wir erfahren, geschieht niemals im sozialleeren Raum. Es ist eingebettet in ein Drumherum. Und in diesem Drumherum lassen sich nicht immer, aber sehr oft auch Erlebnisse finden, die uns geholfen haben, Schlimmes zu überstehen. Begebenheiten, die einen geradezu gerettet haben. Oft haben wir Glück gehabt, weil wir etwas Bedrückendes überwunden haben. Weil wir Menschen kannten oder kennen gelernt haben, die uns

halfen, beschwichtigten, trösteten, die Sache zurecht-
rückten. Und daraus ergeben sich folgende Fragen:
Wer und was hat mir geholfen, die schrecklichen Erlebnisse zu überstehen?
Wie hat es sich angefühlt, als plötzlich eine längst ver-
gessene Bekannte/ein Bekannter aufgetaucht war und
mir zugehört hat?
Ist nicht vielmehr Stolz angebracht, die bedrückende Situation gemeistert zu haben, anstatt immer nur das Beschämende aufzukochen?
Wie fühlt sich dieser Stolz an? Ist er nahe am Glücksgefühl?
Aus welcher Perspektive könnte man mein Schicksal
auch betrachten? Wie fühlt es sich an, wenn ich mir vor-
stelle, ich schilderte mir selber die Angelegenheit als al-
tersweise Person? Als jemand, der auf sein gelebtes Leben zurückschaut? War es nicht sogar eine Lebenserfah-
rung, die mein Misstrauen in einem gesunden Maß in die
richtige Richtung gelenkt hat, so dass ich nicht noch einmal in eine solch dumme Situation geraten kann?
Gerade auch schlechte Erfahrungen können wichtig sein,
weil man gestärkt aus ihnen hervorgeht, weil sie dazu
beitragen, das Leben aus neuer Perspektive zu genießen.
Wie leicht vergisst man, dass das alltägliche Leben mit
seinem Einerlei gar nicht so selbstverständlich ist. Möglicherweise lerne ich das Einerlei zu schätzen, weil ich
erfahren habe, wie es ist, wenn mein Leben wirklich einmal aus den Fugen gerät.

Die Arbeit an der eigenen Glücksbiographie

Niemand ist andauernd glücklich.
Aber es macht einen deutlichen Unterschied, ob ich vor-
rangig die schlechten Erlebnisse mit ihren miesen

Gefühlen vor mein inneres Auge zitiere oder ob ich verstärkt Situationen hervorhole, die gute Gefühle, Glücksgefühle hervorrufen.

Ich kann mir Niederlagen vergegenwärtigen. Genauso kann ich mir vergegenwärtigen, wie befreiend es sich angefühlt hat, als ich die Niederlage akzeptieren konnte, als ich sie überwunden habe.

Je öfter ich glückliche Situationen und Gefühle abrufe, desto häufiger werden Glückshormone produziert, desto mehr gewinnen die glücklichen Gefühle die Oberhand. Eigentlich eine logische Tatsache.

Lebensweichen kommen ans Tageslicht. Und ihre Bedeutung für meine Lebensbiographie wird mir bewusst. Die Nervenbahnen registrieren glückliche und unglückliche Gefühle gleichermaßen und die Synapsen verdicken sich in die eine und die andere Richtung. Was spricht dagegen, sich selbst mit geglückten Episoden so zu konditionieren, dass die weniger vergnüglichen Erlebnisse nicht mehr ein so großes Gewicht bekommen? Die Entscheidungsfreiheit hat der Mensch nämlich.

Nur bei einer Selbstkonditionierung, die durchaus mit (therapeutischer) Hilfe in Gang gebracht werden kann, hat das Glück eine Chance, sich langfristig über das Schlechte zu legen. Nur auf diese Weise kann Verbitterung aufgebrochen werden. Dazu muss der Mensch, der eine resignative Grundhaltung hat, Zynismus und runterziehende Redeweisen und Kränkungen bei sich selbst erkennen lernen. Erst dann kann er sich umpolen, indem er Abwertungen unterlässt und eines Tages durch eine Haltung ersetzt, die die Dinge in ein besseres Licht rückt. Das positive Gefühl bekommt er dann gleich mitgeliefert.

Auf den ersten Blick sieht es danach aus, als sei der Mensch ein Objekt, das nur aus Rollen, Aufträgen und mehr oder weniger gemeisterten Entwicklungsstufen besteht. Der Mensch wirkt wie ein Jemand, der weitgehend von dem, was ihn umgibt, bestimmt wird. Von der Gesellschaft mit ihren Normen und ihrer Kultur und von den anderen Menschen, die ebenfalls in genau dieser Gesellschaft zu genau dieser Zeit leben und an der nachwachsenden Generation herumerziehen.

Etwas Wahres ist daran. Aber eine Entscheidung ist immer möglich: Will ich so sein oder nicht?

Was bisher geschehen ist, ist nicht zu ändern, weil du nicht zu deinem Beginn zurück kannst. Aber du kannst jederzeit damit beginnen, das Ende zu ändern.

Der Mensch ist in der Lage, mit sich selbst zu arbeiten. Er kann seinem Leben durchaus eine neue Richtung geben.

Hier einige Gedanken dazu:

- Du übernimmst Verantwortung für dein Leben, indem du dir professionelle Hilfe holst, wenn du in einer belastenden Gedankenschleife festsitzt.

- Du hörst auf, dich als Opfer zu sehen, wenn du dir die Umstände bewusst machst, die für das ausbleibende Glück verantwortlich sind.

- Du löst dich von Sozialvampiren und überhaupt von Menschen, die dir nicht gut tun.

- Du wirst kreativ. Irgendetwas wird es geben, was dir Freude bereitet. Und dazu suchst du dir Mitstreiter: Du sichtest Kursangebote, durchforstest das soziale Netz nach Gleichgesinnten …

- Lass dich nicht auf die Pechvogel-Rolle festlegen. Du bewertest schwierige Situationen als das, was sie sind: Herausforderungen, die jeder Mensch hat. Du gehst sie an, und wenn sie für dich allein zu groß sind, holst du dir Hilfe, damit du dich nicht dauerhaft kraftlos fühlen musst.

- Hass ist Stress pur. Wenn es dir irgendwie möglich ist, dann lass den anderen deinen Hass nicht bekommen. Du lenkst dich ab, widmest dich positiven Dingen. So kannst du einer üblen Situation den Wind aus den Segeln nehmen. Du verwendest deine Energie damit, dich zu trösten oder trösten zu lassen, um dich eines Tages wieder einem Leben zuzuwenden, das deine Energie verdient.
- Als Teil der Gesellschaft und damit der Menschheit überhaupt ist es gut, nicht zu viele Gedanken an angstbesetzte Ereignisse zu verschwenden, weil sie dadurch erst so richtig groß werden. Kreist dein Denken immer wieder um Sorgen und Ängste, dann erschaffst du dir noch mehr davon.
- Es lohnt sich, Vorfälle zu würdigen, die dir und anderen gut getan haben. Durch die Vergegenwärtigung angenehmer Begebenheiten baust du Kraft auf. Es macht Sinn, sich Dinge bewusst zu machen, die dein Leben erleichtern statt es zu beschweren.
- Im Grunde ist der Medienkonsum mit seinen vielen Panik-Szenarien für unsere Synapsen-Struktur im Gehirn denkbar schlecht, weil die zahllosen Nachrichten, die gehäuft in dieselbe Richtung gehen, uns lernen lassen, dass das Leben vor allem dies parat hat: Sorge, Angst, Schrecken, Verzweiflung. Auf den Konsum solcher Nachrichten verwenden wir viel zu viel Zeit.
- Die mit der Glückshaut verschwenden nicht allzu viel Zeit mit Vorsorgeuntersuchungen und dem Lesen von Beiträgen über trendige Eingriffe wie Darmspiegelung und Co – also mit Untersuchungen, die gerade in sind.

- Je nach Mode geht man zur Magenspiegelung oder lässt sich endlich mal die Speiseröhre und die Nieren untersuchen. Dazu kommen Vorträge über Kniegelenke und Schulter. Die haben mittlerweile den Stellenwert von Unterhaltungsprogrammen. Die Veranstalter buchen längst kapitale Hörsäle, damit alle Vorsorgenden unterkommen. Du merkst schon – das Wort *Sorge* ist immer dabei. Ständig wird man durch die Medien daran erinnert, sich um irgendetwas zu sorgen. Die Pharmaindustrie macht es richtig: Sie *sorgt* dafür, dass man *vorsorgt,* und so brauchen sich die Arzneimittelhersteller nicht zu sorgen: Die Kassen klingeln so laut, dass man eigentlich Ohrschützer braucht.
- Die Ängste eines Menschen mit Glückshaut halten sich in Grenzen. Er kennt nicht das Gefühl, ständig am Abgrund zu stehen. Daher muss er sich auch keine Katastrophenszenarien ausmalen. So jemand spart eine Menge Zeit, die er seinem persönlichen Glück widmen kann.
- Und weil man als Mensch die Fähigkeit hat, sich für etwas zu entscheiden, kann man sich zum Beispiel für die Rückgabe derjenigen Aufträge entscheiden, die man schon lange nicht mehr erfüllen möchte. Und für eine gründliche Beschäftigung mit der Glückshaut. Irgendwas wird schon dran sein an dem Mythos.

Das Wichtigste kommt wie immer zum Schluss: Die unausgesprochenen Aufträge und daraus resultierenden negativen Glaubenssätze müssen

- aufgespürt werden
- damit du sie auflösen kannst,
- um sie in positive Glaubenssätze zu verwandeln!

Das ist nicht leicht und du benötigst eine Menge Geduld. Folgendermaßen kannst du vorgehen:

- Du schreibst deine negativen Glaubenssätze auf
- Du beobachtest dich: Wie interpretiere ich Erfolg und Misserfolg? So erkennst du die Konsequenz aus deinen Glaubenssätzen
- Du verwandelst die negativen Sätze in positive: Aus *Ich arbeite zu langsam* wird *Ich arbeite gründlich*. Aus *Ich finde keinen Partner* wird *Ich suche einen Partner und werde ihn finden*. Diese Art der Umwandlung wendest du konsequent auf deine individuelle Situation an. Nimm zunächst nur die wichtigsten Sätze, die du als negativ erkannt hast, damit du dir nur wenige positive Glaubenssätze vorsprechen musst. Je weniger, desto öfter, desto intensiver …
- Nun ist Geduld gefragt. Täglich wiederholst du deine ganz persönlichen positiven Glaubenssätze. Und du notierst, wenn jemand in deinem Sinn positiv auf dich und dein Verhalten reagiert. Hat dich heute jemand anerkennend angeblickt? War das Lob vorhin nicht in deine Richtung gesprochen? Hat einer bemerkt, dass deine Laune in letzter Zeit besser geworden ist? Gibt es eine Einladung, mit der du nicht gerechnet hast?
- Du richtest deine Aufmerksamkeit verstärkt auf die Bestätigung deiner nun positiven Glaubenssätze. Deine Erfolge, auch die kleinen, notierst du am Ende des Tages, damit du dein sich zum Positiven veränderndes Lebensgefühl noch weiter verstärkst.

Mir ist bewusst, dass Theorie und Praxis in Gefühlsdingen wie dem Glück weit auseinanderliegen können. Doch ich bin mir sicher, dass die Erkenntnis von

Zusammenhängen die Grundlage bietet, eigene Gefühle besser einzuordnen und zu durchschauen. Auf diese Basis kannst du vertrauen, wenn du dich daran machst, dein persönliches Glück neu zu schmieden.

Folgendes hat sich gezeigt: Glück ist ein höchst individuelles Gefühl.

Dazu hab ich noch eine letzte Geschichte für dich …

Frau Hermanns Sammelleidenschaft
oder
Wie das Glück aussieht

(Erzählt nach einem Kuriosum von Mick L., dem begnadetsten Geschichten-Erleber, den ich kenne)

Zu tun gibt es immer.

Und Frau Hermann ist nicht wie das Wetter, schwankt nicht zwischen Wolkenbruch und Windstärke 8, zwischen Gewitter und Sahara. Sie ist ein Sommerhauch – und das täglich. Auf ihr sanftes Trippeln gegen 19 Uhr ist Verlass. Ebenso auf ihr freundlich leises *Einen schönen guten Abend*, das sanft hingemeckert wirkt. Wie von einer zufrieden grasenden Ziege, die nicht in Einsamkeit leben muss, der aber auch keiner etwas wegnimmt oder gar verbietet.

Jeden Samstag anlässlich des obligatorischen Besuchs bei meiner schweigenden Schwiegermutter auf der Pflegestation einer namhaften Seniorenresidenz wende ich den Blick weg von den weißen Wänden, dem schlichten Tischchen und der in diesem hoffnungs-grünweiß gestreiften Bettwäsche in minütlichem Wechsel der Wanduhr und meiner Armbanduhr zu, gespannt, ob sie auch wirklich gleich kommt.

Und da ist es soweit. Die Türe öffnet sich beinahe

lautlos. Frau Hermanns Kopf lugt durch den Spalt. *Einen schönen guten Abend* haucht sie, ist auch schon drin, die Hand am Klappverschluss der alten Tasche. Dann Getrippel ins Bad, zurück ins Zimmer, das sanfte Lächeln – und weg ist sie.

So sieht das Glück aus: die trippelnde Frau mit ihrem Lächeln und dem abgegriffenen Handtäschchen. Ein bleibendes Bild auf meiner persönlichen Festplatte.

Heute ist mein Tag. Sowas spürt man. Ausnahmsweise warte ich also, bis Schwester Birgit zur Guten Nacht erscheint.

„Diese kleine geheimnisvolle..."

„Frau Hermann und ihre Handtasche?"

„Ja."

Die Nachtschwester legt ein wahnsinnig breit ausgemessenes Grinsen auf, blickt mir fest in die Augen. „Sie sammelt."

„Ach!" Für mich als Nichtsammler ein unvertrautes Terrain. Genau genommen verachte ich Sammler. Schon wegen der Platzverschwendung. Ich finde es auch im Kleinen fürchterlich, weil es notwendig Pedanterie voraussetzt oder nach sich zieht – ganz, wie Sie wollen. Denn Briefmarken-, Münzen- und Schmetterlingssammler müssen akribisch sortieren.

„Was sammelt sie denn so?"

Neuauflage des ultrabreiten Grinsens. Dann in gespieltem Ernst: „Dieses Gebiet ist ein absoluter Geheimtipp."

Ich verstehe. Die Pflegestation – ein verschlafener Ort. Man muss begreifen, dass hier Pointen wohl dosiert sein wollen.

„Wenn Sie einen Moment warten wollen?" Schwester Birgit dreht ab und verschwindet mit dem für Krankenschwestern typisch resoluten Schritt, der gleichzeitig für Vertrauen und Respekt sorgt. Und manchmal auch für ein wenig Angst.

Nach zwei Minuten ist sie wieder da, Frau Hermanns Handtäschchen unterm Arm. Als Vorspann zur Auflösung des Rätsels gibt es einen kurzen Blick in meine erwartungsvollen Augen. Und dann kippt sie wortlos den kompletten Inhalt auf die glatte Bettdecke, unter der meine stille Schwiegermutter dahindämmert.

„Gebisse?", kreische ich.

„Gebisse."

In dem Moment überfällt's mich, schüttelt meinen Körper, zwingt mich zurück auf den Stuhl, während mir die Augen aus dem Kopf fallen.

„Warum um alles in der Welt...", johle ich zwischen meinen Lachsalven Schwester Birgit an.

„Ein Pfleger hat mal Frau Hermann gesteckt, dass sie gut auf ihr Gebiss aufpassen soll. Das hat sie sich sehr zu Herzen genommen." Die Schwester bleibt ganz ruhig.

„Und was wird jetzt aus diesem Haufen?", wiehere ich in ihre Richtung.

„Ich verteile sie jeden Abend aufs Neue."

Fassungslos starre ich sie an, den Mund idiotisch geöffnet, immer noch aufgackernd.

„Sehn Sie", sie nimmt einen Oberkiefer. „Hier fehlt ein linker Backenzahn. Herr Werth hat noch genau einen oben links. Also kriegt er dieses Teil. Unten hat er keinen Zahn mehr, aber," sie hält mir in ihrer praktischen Art einen bezahnten Unterkiefer hin, „schon rein farblich passt das hier zu dem oberen Gebiss. Im Übrigen", nachsichtiges Lächeln, „kenn ich alle längst."

„Sie können alle Gebisse unterscheiden?"

„Klar. Ich sortiere sie jeden Abend."

Nun weiß ich, dass Frau Mentzel noch über zwei Eckzähne verfügt, während Herr Linné nur eine Brücke nötig hat. Herr Becker dagegen trägt Vollprothese in der

Größe eines Pferdegebisses und Frau Weinand hat ein rührend kleines Kindergebiss.
Ein geordneter Ablauf.
Frau Hermann sammelt, Schwester Birgit verteilt.
So bekommen die Abende Struktur.
(Aus: May, Kricheldorf. A.a.O. S.56-58)

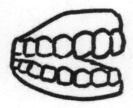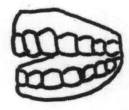

Die Straße komme Dir entgegen.
Der Wind stärke Dir den Rücken.
Die Sonne scheine warm Dir ins Gesicht.

Teil eines irischen Segensspruchs

Inhalt

Zu guter Letzt möchte ich *Danke* sagen:

- Maik, für das umsichtige Lektorat,
- Jacqueline, für die wundervolle Covergestaltung
- Susanne, die als ausgewiesene Biologin die Textstellen überprüft hat, in denen es um Neurobiologie geht
- Sonja, die mich in ihrer Eigenschaft als Psychologin mit den neusten Untersuchungsfeldern konfrontiert hat, die man zum Thema *Glück* kennen muss
- Und Anja, durch die der *Glücksfall* ein Zuhause gefunden hat

Wem ich noch Danke sagen möchte?

- Dir!
- Dafür, dass du dich auf den Glücksfall eingelassen hast, bereit warst, neue Erkenntnisse an dich heranzulassen und den zahlreichen Geschichten gefolgt bist.
  Sehen wir uns auf Facebook?
  Ich würde mich freuen.

Herzliche Grüße

Doro

Weitere Bücher im Verlag:

Manchmal solltest du den Alltag komplett beiseiteschieben. Sowas macht voll glücklich ☺
Wusstest du, dass es eine kalte Welt mit mehr Wärme als in unserem Wohlstandsleben gibt? Lu Kranich hat diese Welt kennengelernt.
Durch eine Fügung ist sie mit Hilfe eines Mediums völlig unvorbereitet in ein Dasein geraten, das der begnadete Künstler Lars Carlson gebannt hat. Jede Mitternacht kann sie für eine Stunde dorthin. Aber nur für eine begrenzte Zeit. Dann muss sie sich entscheiden, ob sie für immer bei dem Winterjungen bleiben wird, den sie liebt, oder ihrem gewohnten Leben in der Ruhrmetropole den Vorzug gibt. Doch diese Entscheidung wird eine endgültige sein müssen, denn ihre Welt und die des Winterjungen sind unvereinbar …

Die Winterjunge-Saga:
Winterjunge 1: Blizzard
Winterjunge 2: Der seltsame Gefährte
Winterjunge 3: Eisfieber
Winterjunge 4: Rabenschwarz
Winterjunge 5: Das Ende der Winternacht

Urlaub im All

Die Erde einmal von außen zu sehen, davon träumen viele Menschen. Die Autorin Anja Heitlinger hatte schon früh den Wunsch, die Menschen auf die Schönheit, aber auch Zer-

brechlichkeit unserer Erde aufmerksam zu machen. Jeder Astronaut, über den sie recherchierte, bestätigte ihr, dass jeder Mensch seinen Planeten umso mehr lieben lernt, wenn er ihn einmal von außen gesehen hat. So schrieb die Autorin eine bislang einzigartige, romantische Liebesgeschichte, die sich in der Schwerelosigkeit unserer Erdumlaufbahn abspielt und nimmt die Leser mit auf eine atemberaubende und humorgeladene Urlaubsreise.

Damit werden Sie definitiv Ihren Alltag für ein paar Stunden ausschalten.

ISBN: 978-3-9816096-3-9

www.goldhouse-verlag.de

Die Geschichte des Badens

Die meisten Menschen leiden unter ihren Krankheiten.

Doch die Geschichte des Badens zeigt, dass es nicht an den Menschen liegt, sondern an Unwissenheit und falschen Informationen sogar über Jahrhunderte hinweg.

Erfahren Sie, wie die Europäer vor ungefähr 10.000 Jahren badeten, was es mit dem sagenhaften Jungbrunnen auf sich hat, wie alt die Menschen damals wirklich wurden und vor allem, wie gesund sie waren.

ISBN: 978-3-946405-22-1

www.goldhouse-verlag.de

Die Welt im Hamsterrad

Seit dem Jahr 2020 gerät unsere Welt immer mehr aus den Fugen. Hauptsächlich durch den Lockdown hagelt es Arbeits-

losigkeit und Pleiten, Lieferketten brechen ab und Preise schießen in die Höhe. Und nun droht uns auch noch eine Umweltkatastrophe.

Dadurch greift die Angst immer weiter um sich und eine große Depression droht uns, wenn wir nicht sofort besser hinschauen und das Ruder herumreißen. Stattdessen sehen wir den Wald vor lauter Bäumen nicht, denn in Wirklichkeit müsste niemand Angst vor Arbeitslosigkeit, Pleiten oder andern Dingen haben. Einzig und allein fehlt hier die Sichtweise aus einem höheren Blickwinkel, bei dem dieses Büchlein Abhilfe schaffen wird.

ISBN: 978-3-946405-23-8

www.goldhouse-verlag.de